定年ランニング

ゼロから始める
50代から70代のための
ランニングの教科書

フィジカルトレーナー 著者
中野ジェームズ修一
構成
伊東武彦

徳間書店

定年までにはまだ日があるけど、50代半ばになれば、会社人生も一段落。役職定年で、上下のプレッシャーからも解放された。

でも、給料は下がるし、年下の上司もできそう。家庭ではそろそろ親の介護が本格的になりつつあり、いいことばかりではない。

だからこそ、仕事に代わってやりがいのある趣味を見つけなくちゃ。

シューズボックスの奥から使い古しのジョギングシューズが出てきた。職場近くを走っていたのは30代だったか。

まだまだ健康には自信があるけれど、本格的なスポーツはとんとごぶさただ。人間ドックでもここ数年、再検査手前の「C」判定がチラホラ出てきている。

ちょっと走ってみるか……。でも、いまからでも走れるだろうか。

どうせ走るなら、ゆっくりのんびり走るだけのジョギングにとどまらず、目標を決めて自分の励みになるようなランニングをしたい。

でも、どんな目標で？　どれくらいのペースで？

ウォーミングアップ

はじめに

50代を迎える前に、仕事以外に生きがいを見つけておくことが「人生の後半戦を生きるコツ」とよくいわれます。「老後」がどんどん長くなっていく現代においては、なおさらです。

定年退職の年齢が65歳の企業も増え、政府は70歳までの就労を推奨していいます。同時に、「高齢者」の定義の見直しも検討されていて、年齢的な問題を抱えながら過ごす歳月が、昭和や平成の時代よりも確実に長くなっていきます。

そう、人生のゴールはまだまだ先なのです。

仕事人生の節目にもなる50代とそれ以降を、心身ともに健康にどう生きるか。

今後は健康寿命のあり方が、いっそう注目されていくでしょう。

そんなことから、50代から60代半ばの「定年前後」の世代で、心身ともに健康で過ごすために、ランニングを始める方、あるいは始めようと考えている方は、とても増えてきています。

自分の体力と相談しながら、どれくらい走れるのだろうか、いつまで走れるのだろうかと、自問をしている方も少なくないはずです。

ランニングは特別な技術や器具が必要なく、気軽に始められ、長く続けられるスポーツです。

時間や場所を選びませんし、年齢、性別も関係ありません。

ダイエットや健康維持に効果がある運動の代表選手でもあります。

健康を見つめなおすうえで、数ある選択肢からランニングを選ぶのは大正解です。

書店にはランニングに関する書物がたくさんありますし、ミドルエイジからのランナーに向けた本も少なくありません。

そんななかで、本書は仕事人生が一区切りを迎える50代半ばから、65歳以降のシニア世代を対象に、初めて走る方や久しぶりに走る方の手引きになればという思いで企画されました。

フルマラソンを走ったり、自己ベストを狙ったりするようなランナーにも参考になるとは思いますが、**習慣的に楽しく走るファンランのランナーが、長く健康に走り続けるためにどうすればいいのかを主眼に書かれています。**

私もこれまでランニングに関する本を何冊も出していますが、今回は新聞社を定年退職する数年前からランニングをされてきた、ノンフィクションライターの伊東武彦さんが、自らや周囲の体験をもとに、シニア世代の方々がランニングするうえで浮かんでくる具体的な疑問や質問に、私が答えるかたちで構成されています。

実際にパーソナルトレーニングをさせていただいている、50代、60代、70代の方々の体と心にできるだけ寄り添いたいという思いでつくったつ

もりです。

また、実際のランナーにお聞きしたアンケートを通じて、長く走るための工夫や信条にもふれて勇気づけられ、学びも得ることができました。

かくいう私自身も50代の入り口をくぐり、自身のこれからの運動計画を見直すとともに、今後の仕事をどう考えていくかの曲がり角に差しかかろうとしているからにほかなりません。

長く安全に健康を保つための手引きが、人生のマラソンゲートを気持ちよく駆け抜ける力になることを祈念しています。

中野ジェームズ修一

contents

第5章 さらに進んで日常化するには

第7章 記録やレースに挑戦したくなったら

第1章

対談「50代以降をいかに走り抜けるか」

中野ジェームズ修一
×
伊東武彦

生活のなかに新しい軸をもつ

伊東武彦（以下、**伊東**）　中野さんはフィジカルトレーナーとして、数多くのトップアスリートを担当され、パフォーマンスの向上と負傷のない体づくりを指導するトレーナーの第一人者です。同時に、数多くの一般の方々のパーソナルトレーニングもされていますが、50代からシニア世代（WHO＝世界保健機関の定めでは65歳以上）の方々とふれあう機会も多いのでしょうか。

中野ジェームズ修一（以下、**中野**）　50代でいわゆる役職定年を迎える年代や、仕事をリタイアあるいはセミリタイアするような60代の方もいますし、ウォーキングからランニングという過程を経験される方でいえば、80代の方とご一緒することもあります。

伊東　ウォーキングやランニングは根強い人気ですよね。1年に1回以上のランニング経験のある日本人は、コロナ禍に見舞われた2020年に1000万人を超えたという調査があります。最新のデータは2022年で、2020年のピークからは減りましたが、それでも877万人います。週に1回以上走る習慣的なランナーは、2012年以降ほぼ一定で、減っていません。

中野　一時の爆発的なランニングブームは去った印象がありますが、逆にいえば、人々にとって特別なものではない、定番のスポーツになってきたという実感があります。

私のクライアントにも、体づくりの初歩としてウォーキングからランニングというプロセスをおすすめすることが多いのですが、最初は「きつそう」と難色を示していても、はまっていく人は多いですね。

伊東　ランニングは手間とお金がかからない運動ですので、「運動不足」を感じた人が気軽に始めることも多いのではないかと思います。かくいう私自身がそうなのですが、50代、60代で自発的に走り始められる方も少なくないのでは？

中野　最近、シニア世代と、準シニア世代ともいうべき55歳以上の年代の方々から感じることがあります。

自分自身が生きていくうえで充実感を得られるもの、支えになっているものを「軸」と呼ぶとすれば、その軸をずっと仕事によって太くしてきた方々にとっては、定年退職はその軸を一つ失うことを意味します。

家族や趣味といった、プライベートで充実感を得られる軸もまた、仕事という主軸の横にあるものの、中心になる軸がなくなったり細くなったりすることで、やりがいの喪失や不安を多少なりとも覚えるのはしかたがないことです。

仕事によって充実感と満足感を得てドーパミンを出してきた体験を引き続き求めたい、というのは人間の性《さが》です。会社での肩書が外れたり、退職したりした場合、仕事とは別のものでその欲求を満たしたくなるのは当然の行動だと思います。

伊東　一定の企業には管理職を離れる役職定年という制度があって、年齢はそれぞれですが、55歳に置かれている会社が多いようです。管理職での定年を告げられると給料も下がり、年下の上司の下で働かなければならないようなケースも出てきます。いまおっしゃった充実感の代わりに、それまで感じていなかった種類のストレスもたまりがちです。

中野　そんなときに何に向かうかといえば、それまで取り組んできた趣味をさらに深めることは有効ですよね。たとえば、映画やドラマ好きなら、新たに韓流ドラマにはまってもいいだろうし、それまで観る時間がとれなかった長編の映画をじっくりと観ることでもいい。あるいは、まったく未知のものにチャレンジしてもいいと思います。

そうしたチョイスの一つに、健康という点でイメージがよく、しかも比較的手軽に始められるランニングがあるということではないでしょうか。

2週間で、目に見えて成果が出る

伊東　本書のテーマは、そこでランニングを選んだ方が、いかに健康に、安全に走り始められるか、またはすでに継続的に走っている方々が、いかにこの先も走り続けられるかに置いています。コロナ禍をきっかけに本格的に走り始めたランニングの「オールドルーキー」の私や、同じような境遇のランナーたちが、普段、感じている疑問を中野さんにお聞きしていきたいと思います。まず、ランニングを選んで正解でしょうか。

中野　達成感、充実感を比較的得やすいという点からいって、正解です。

たとえば、筋肉トレーニング（筋トレ）と比較してみましょう。脂肪を落としてシャープな体をつくることを目的に掲げ、見事に割れている筋肉ができて鏡を見たら、満足感を得てドーパミンが出ることと思います。

でも、20代ならともかく、50代や60代になってそこまでの成果を得ることは、私たち専門のトレーナーがついたとしても、簡単なことではありません。精一杯の努力を重ねても、ある程度の時間がかかるのは当たり前です。

それに対してランニングは、フルマラソンを一定の速さで走るというような高い目標となるとまた別ですが、レベルに応じた成果と満足度を得られやすい運動といえます。

目標を設けなくても、ただ単純に走るという動作そのものが、爽快で充足感を得やすいことは、少しでも走ったことがある方なら感覚的にわかるのではないでしょうか。

伊東　私自身も50代の後半から走り始めたのですが、それまでずっと悩まされていた腰痛が嘘のように消えました。もともと朝型でもあるのですが、早朝ランニングは気持ちがいいし、仕事のアイデアや企画も浮かんでくるし、食欲も出て、生活にめりはりができました。

中野　ランニングがもたらす身体的な効果は、大きく三つあります。
まず筋肉量が増え、次に体脂肪量が減ります。さらに、心肺持久力が向上します。筋肉と体脂肪の効果が表れるのに最低でも3カ月以上かかるのに対して、心肺持久力は、走り始めて2週間も持続すれば徐々に上がってきます。
最初はたった2キロがきつかったのが、2週間後には楽に走れるようになっている。早い周期で効果を実感できるのが、ランニングなのです。

　私のパーソナルトレーニングのクライアントにも、こんな女性がいます。パートナーがトライアスロンに出るようなスポーツマンという方なのですが、長い間、その女性は、

「あんなにきついことにお金をかけてやって、いったいどういう気持ちなのかしら」

とまったく理解を示してきませんでした。ところが、50代半ばを迎えたあるとき、ランニングをする機会があり、いざ走ってみたら、1キロも走れずに軽いショックを受けます。負けず嫌いに火がついて走り始めると、ほどなくあんなにつらかった1キロがそんなにきつくなくなってきた。

　それから走ることが楽しくなって、距離も2キロ、3キロと伸びていきます。そんなタイミングで、パートナーから「朝、走ると気持ちいいよ」と言われ、春の早朝に走ってみました。もともと早起きは苦手だったのに爽快そのもので、そこから彼女はランニングにはまっていったのです。

　あとから聞いたのですが、彼女は職場で役職定年を迎えたタイミングでした。

仕事そのものに、以前ほどの達成感がなくなったし、それまでは自分のもたらした成果が会社の業績にダイレクトに反映されていたのに、それがなくなって張り合いをなくした時機だったと話してくれました。

それまで敬遠していたパートナーのトライアスロン仲間とも食事をするようになり、「私も走り始めたんです」と言うと、みんなが口々に、「すごいじゃない！」と言ってくれる。

年齢が上がると、日常生活でそうやって褒められること自体が少なくなると話していましたから、とても気持ちも良かったと思います。

50代になると疲労回復スピードが落ちる

伊東　SNS上ではなく、人がちゃんと声をかけてくれる、文字どおりの「いいね！」ですものね。気持ちが明るくなって、前向きになれる気がします。

中野　成果が出るまでに1年や2年はかかるものだと敬遠もされますが、ランニングは1週間単位で状況が変わってきます。時間もお金もかけずに手軽にできるという点で、ほかに趣味や軸をもたれている方にとっても、新たにセッションとして加えやすいということもあります。

私のクライアントでも、最初は敬遠していたのが、まるでおいしいワインにはまっていくように没頭していく例は一つや二つではありません。

そういった方々は、ある意味「欲張り」というかドーパミンを出したがるタイプで、ビジネスでも成功をしている方が多いといえます。ランニングで一つ軸をつくると、次はガーデニングに挑戦するなど、いろいろな領域で「軸」を増やす方もいます。

仕事以外の領域に幅と奥行きが出るのは、とても素敵なことですよね。

伊東　同年代では、仕事ばかりやってきたタイプほど、「これから何をやっていけばいいか」と途方に暮れている人もいます。

時間を自由に使えるのは喜ばしいはずなのに、「さあ、なんでもお好きにどうぞ」となると、人間動けなくなる。動かないと、さらに億劫になる。認知症とフレイル（虚弱）への第一歩ですよね。

「心身が弱ってくる」とはよくいわれますが、実際、50代も半ばあたりから、いろいろな意味で歳をとったと感じることが多くなっていた気がします。

中野　個人差はありますが、そもそも50代に入ると、公私ともに環境が大きく変わりますよね。

30代から40代はそんなに変わらないと思うのですが、50代は両親の介護や相続の問題が出てきたり、仕事の面でも変化が大きくなったりする。そこに体が変調をきたす時期が重なってきます。

浮き沈みが激しい50代前半から後半に入ると、役職定年など職場の環境変化が訪れます。それまでやってきたことがきれいに全部なくなって、やる気が喪失している方も出てくるでしょう。

そこで心身の健康を保つためには、仕事以外の「何か」が必要になるのです。

伊東　仕事で自信を得ることは、大なり小なり多くの人に共通していますが、いまの60代には仕事を軸に生活も人生も右肩上がりになっていく「成長幻想」のようなものがある気がしています。

50代前半以下の世代になると、いわゆる〝失われた世代〟といって、子どものころから日本全体が低成長期だったので、妙な期待も理想もない冷静さをもっているのですけど。

世代論でくくるわけではないのですが、私たちは親が高度成長時代に働いてきたので、会社で働いていれば年々給料が上がっていくし、生活も豊かになるという前提で育ってきています。自分自身はまったく優等生ではなく、むしろ逆ですが、右肩上がりが当たり前という社会的な空気のなかで育ちました。

学校にはまだまだスパルタ的な空気も残っていて、〝がんばれ主義〟のようなものの呪縛もあります。言い換えれば、がんばることで結果は出るし、明日につながるという感覚がどこかにあるわけです。

ところが、年齢が上がるとできないことが増えていく。ささいなことですが、芸能人の名前が出てこなかったり、変に怒りっぽくなったり、道を歩いていると、何にもないところでつまずいたりもします（笑）。

心身ともに、いわゆる「バツ印」の連続の毎日が、60代半ばも過ぎると、さらに顕著になっていきます。自分自身が関わっていることがすべて、昨日より今日がよくて、明日はさらによくなるという根拠のない展望があるために、老化という仕打ちを引き受けられない恐れと不安があるわけです。

中野　個人差があるとはいえ、誰も老化は止められません。50代を迎えたところで、多くの人がそれまでと違って感じるのが、疲労の回復スピードです。

筋肉量が増えていくスピードはそう大きく落ち込みませんが、血液検査で主観的な疲労度だけでなく、筋肉がどれくらい炎症しているかを図るＣＰＫ（クレアチンフォスフォキナーゼ）を見ても、50代の疲れの回復度合いは40代までと明らかに違ってきます。また、体を動かすと血液中の鉄分をたくさん使うので、貧血の度合いも上がってきます。

さらに60代になると、疲労回復度の低下に加えて、体の変化が起こりにくくなります。たとえば、「体脂肪率を落としたい」という課題に取り組む場合、かなり走り込んでも値がさほど変わらなくなります。

代謝能力の衰えとも言い換えられますが、60代は50代に比べて明らかに変化のスピードが落ちていくのです。

感情のコントロールにもランニングは最適解

伊東　いま社会で増えているといわれているのが、〝キレるシニア〟です。一昔前には〝暴走老人〟などという言葉もありましたが、いまは飲食店の店員に強い口調でものを言ったりする人もいれば、スーパーマーケットのセルフレジで使い方がわからなくてイライラしている人もいる。

従業員や乗務員に対して高圧的な態度をとる「カスハラ（カスタマーハラスメント）」は、50代からシニア世代に多いといわれます。それも仕事をリタイアやセミリタイアして仕事から得ていた充実感がなくなり、評価されない自分をなんとか認めてほしいという表れなのでしょう。

「オレはこんなにすごいことをやってきたのに」「オレは役員として業績を上

げてきたのに」などという不満を胸にためこんでいて、それをささいなことで他人に向けて吐き出してしまう。同世代や下の世代の誰もが、「ああはなりたくない」と思っていると同時に、その萌芽が自分の中にもあるのではないかという不安をもっています。

中野　定年前後世代は、両親の介護が重なることも多くなります。奥さん自身も介護を経験していると、自分の夫がそうなるのは勘弁してほしいという思いも強くなるはずです。

実際にこんなご夫婦がいます。ご主人は若いころからある競技のトップアスリートで、奥さんはまったくスポーツをしないタイプでした。体力に自信のあるご主人は、奥さんに向かって「お前はもっと運動しないとダメだ」とことあるごとに言い続けてきたのですが、奥さんはまったくやらない。

ところが、ご主人が歳をとって脊柱管狭窄症になり、70歳早々で運動ができない体になってしまった。女性のほうが平均寿命も長いので、奥さんにはたっぷり時間があり、そのうちにウォーキングやジョギングを始めるようになる。健康的にも体力的にも社会的にも、優位だったご主人との関係が逆転するわけです。その結果、ご主人は奥さんに対してキレるようになったそうです。

伊東　それはつらいですね。年齢を重ねると、相手を立てて譲るということが不得意になっていく人も増える印象があります。シニア世代が引き起こすいさかいの端緒は、概してささいなことを譲れないというところにあったりします。

中野　奥さんが言うには、「お前はいいよな、歩けるし、どこにでも出かけられて」とかなり強くあたるそうです。自分の体が思うようにいかない苛立ちが、友だちと温泉などの旅行にも不自由なく出かけていく奥さんに向けられるわけです。奥さんは、「冷静に考えるとかわいそうだと思うけど」と言いながら、精神的にかなりきつそうです。

「昔はおだやかだったのに、定年を迎えてすごく怒りっぽくなった」という人の話もよく聞きますが、そんなことからでしょうか。奥さんがご主人に「走ってみたら」とすすめるという家庭もあるようです。

実際、それは的外れではなくて、ランニングや運動をすると脳の海馬の細胞減が防げて、感情をコントロールできることがわかっています。

伊東　自分が介護をする側になる状態を恐れて、先手を打ちたいということですね。ごろごろしてテレビを見ている場合じゃない。だったら外に出て運動をするとか、足腰が弱らないような趣味をもちなさい、と。

中野　ランニングはまずお金がかからないのが好材料です。そもそも、定年後は夫婦や家族で旅行をするのを楽しみにしてきたのに、歩けなくては旅も何もありません。

旅に出かけてしっかりと歩ける筋力を保つためには、ランニングは最適です。しかも、認知症やアルツハイマー病の防止にもなります。孫や家族に敬遠されて嫌われてしまいかねなかったのが、走ることで怒りっぽいところもなくなるし、夫婦喧嘩も減るでしょう。

つまり50代、60代からのもう一つの人生を、家庭や地元でいかに過ごすかという点でも、ランニングを選ぶ意味があるといえます。

年齢に応じたランニングをすればいい

伊東　私自身は、ランニングを始めてもうすぐ5年になります。ファンランの域を出ませんが、走り始めて2年くらいは目標達成の連続が楽しかった。記録はフルマラソンを3時間40分ほど、ハーフならば1時間30分台です。1日平均12キロから15キロを、ほぼ毎日走ってきました。

ところが、62歳の誕生日を迎えたころから、スピードが自然に出なくなってきたのです。それまではキロ5分前後で走っていて、そこから足を前に出すと4分台前半まで加速していたのにそれがなくなり、「あれ？」という感じになっています。

体脂肪を燃やすターゲットハートレート（目標心拍数）の目安になる速度も、キロ5分から15秒ほど遅くなり、体重も徐々に増えてきました。それまでは走ること自体が楽しかったのですが、張り合いがなくなってきた感覚もあります。

中野　スピード能力は、持久的に走る力に比べて低下カーブが大きいのです。持久力はゆっくりと落ちていきますが、速く走る力はどんどん落ちていきます。

もともと20代から年に1パーセントほど筋肉量は減っていくのですが、なかでも下半身の筋肉が落ちていくスピードはとても速い。

同じランニングでも、50代から60代にかけては走り方を変えて見直していく必要があるということです。50代までは筋肉によるボディメイクを多少意識しながらトレーニングができますが、60代は違うところに目標の目線を向けたほうがいいかもしれません。

伊東　中野さんはご自身でもフルマラソンを何度も経験されていて、ランニングについても多数の著書があります。『がんばりすぎないランニング』（扶桑社）というミドルエイジ向けの本も出されていますが、つまりはがんばるのはダメということでしょうか。

中野　私もかつてはサブ3（フルマラソンの3時間切り）を目標にしていて、スピードトレーニングも重ねていました。

学生時代は水泳の選手で、どちらかといえば持久性にすぐれたタイプだったこともあって、きついスピード走を繰り返しているうちに、「このままではランニングが嫌いになりそうだ」と気づいたのです。

そんなころにちょうど村上春樹さんの著書を読んで背中を押されて、距離に重きを置く走り方に転換したのです。

伊東　ランニングについて、村上さんがご自身のメモワールとして綴った『走ることについて語るときに僕の語ること』（文藝春秋）ですね。そのなかには、40代のある時期に突然タイムが伸びなくなるときの戸惑いが、こう書かれています。

〈いったいどうしたんだろう？　それが年齢的なものだとは思いたくなかった。自分が肉体的に衰えつつあるという実感は、日常生活の上ではまだまったくなかったからだ。しかしどれだけ否定しようと、無視しようと、数字は一歩また一歩と後退していった〉

中野さんはこの本を読まれて、40代のうちに気づきを得たと聞きましたが、60代もスピードが上がらないようになった時点で、気持ちの切り替えが必要ということになりますか。

中野　若いときと違って、この年代になると「体調が悪い」ということが増えてきます。内科的、整形外科的な明らかな疾患以外に、「なんとなく調子が悪い」「どうも調子が出ない」ということが多くなる。お腹が痛い、膝が痛い、めまいがする、首の周りが張るという「ちょっとしたこと」が、ほぼ毎日起こったりもします。

そんなときに走るのか、やめておくのか、という判断をできるようにならなければいけません。50代以降のランニングについては、休みのペースなどの見直しも大きなポイントになります。

私のクライアントには会社経営者もいますが、彼らに共通しているのは責任感が強い方が多く、事業や従業員を守るために自分が健康でいなければならないという強い自覚があることです。したがって、トレーニングをしても慎重すぎるほどに、少し不安があれば休んだり軽くしたりということをします。

彼らは決して無理をしません。レースに出るために北海道まで行っていても、体調が少しでも悪ければ出場をキャンセルしたりします。

伊東　そこで無理をしてしまう人ほど、実際の仕事でもオーバーワーク気味になって、パフォーマンスが上がらないのでしょうね。年齢的にも、「無理をしない」という前提に置かれていることはよくわかっているのですが。

ただ天邪鬼なのか、「がんばらなくていい」と言われるのも、違和感があります。そう言われると、すでに「終わった人」と言われている気になってしまう。80代ならばともかく、60代でそれはちょっと……。

たとえば、私自身はものを書く仕事をしていますが、もし60歳を超えて、原稿を読んだ若い編集者から、「しかたないですよ、もうお歳なのですから」と言われたらショックです。

どんな仕事でも、年齢を重ねると経験が蓄積されるのと引き換えに、パワーは落ちていくものだと思います。ただこの歳になっても、いやこの歳になったからこそ、前に書いたものよりいいものをという意識でいるし、少なくとも前の水準をキープしたいと思ってやっているわけです。

中野　まさにいま言われたことに、シニアの走り方のヒントがあるのではないでしょうか。50代からシニア年代のランニングには、二つの負傷のリスクがあります。

まず、骨も弱くなってきているし、蓄積疲労による関節や腰の故障などが起こりやすい。こちらは文字どおりフィジカルな負傷のリスクですね。

もう一つは精神的な負傷です。

私の知り合いで、それこそ30代から50年以上、ほとんど休まずにランニングを続けてきた男性がいます。ところが80代になったあるとき、膝を傷めて走れなくなった。すると、運動自体をきっぱりとやめてしまったのです。ゼロです。もったいないですよね。

でも、この男性はただ走ることだけを続けてきたので、ほかに選択肢がない。こうして心が折れて弱ってしまうのが、メンタルな負傷のリスクです。

伊東　走ることで、人生の終盤に向けて、どういう生き方を選択するかを問われている気もしてきます。「君たちはどう走るか」という問いかけをされているような。

中野　この本では、ランニングのメリットをまず整理して、50代から60代の方が走り始めるための土台づくりについて解説していきますが、その過程でシニアだからこその走り方と目標設定の仕方を提案することになるかと思います。

ランニングは50代から70代にとっても、体内の糖質や脂肪が酸素とともに消費される有酸素運動の優等生ですが、強度が上がるほど、体に負担がかかる激しい運動でもあります。

それだけに、長く気持ちよく走るためには、「はたしてランニングだけでいいのか」という問いかけも必要になってきます。

これまで私はランニングの効果について解説した本を何冊も書いてきましたが、それとはまた別のアプローチになるかもしれません。

第2章

あらためて知りたい ランニングのいいところ

Q01 なぜ、ランニングは適度なきつさで体重を減らせるのでしょうか？

私はフィジカルトレーナーとして、トップアスリートや一般のクライアントの体と心に向き合ってきました。

その私が「やせたい」というクライアントに損得抜きですすめるのが、ランニングなのです。

それはなぜでしょうか。**数ある運動のなかで、ランニングはもっとも効率よくダイエットに挑戦できるスポーツであるからにほかなりません。**

人間の体全体の筋肉の約7割は脚の筋肉ですが、運動をせずに放っておくと年々、脚の筋肉は落ちていきます。この傾向は、残念ながらウォーキングでは止められません。

以前、ＮＨＫの「あさイチ」という番組に出演したときのことは印象的です。50歳で10数年も毎日5キロのウォーキングを続けている女性が、「私はウォーキングをやっているから、絶対に筋肉量は減っていない」と自信満々だったのですが、筋肉量を測ると「虚弱」という判定が出ました。体脂肪率も30パーセント台でした。

つまり、ウォーキングでもスピードを上げた早歩きでないと代謝の点での効果は少なく、一定の距離を一定の速度で歩くインターバルウォーキングのように強度をある程度上げないと、ダイエットにはつながらないということです。

長く運動することで自分の体中の脂肪を燃やしているつもりでいて、まったくそうではないことも多いのです。

ランニングを習慣的に続けていると、下半身の筋肉の量が増えていきます。

筋肉量が上がると基礎代謝量も上がります。筋肉はそれ自体で代謝をうながし、エネルギーを使ってくれるものなので、50代からは筋肉量を増やさないまでも減らさずにキープしていくことが大切です。

同じ食事をしても、筋肉量が多い人のほうが太りにくいといえるでしょう。もっているだけで勝手にカロリーを消費してくれるありがたい存在は、筋肉のほかにはないのです。

代謝効果をより上げるには、脚につく大きな筋肉を鍛えることが大事で、ランニングはその点で大きな効果が期待できます。そして、自分で「ややきつい」と感じる程度の有酸素運動をすることが、代謝をよくする秘訣です。

では、やせるためには、どの程度の強度の運動を、どれくらいすればいいのでしょうか。主観的運動強度（RPE）という指標があります。もっとも効果的に脂肪を燃焼できるのが、「中程度の強度」で、本人が「ややきつい」と感じる運動とされます。ただ、これはあくまで主観的な感覚で、このメカニズムを知るためには、ご自身の年齢と心拍数の関連から目安になる数値を割り出す必要があります（↓155ページ）。

まずは、厚生労働省が提唱する「1回30分以上の息が少し弾む程度の中強度の運動を週に2回以上実施し、1年以上継続している」という運動習慣の基準を頭に入れてください。

現代の日本人でこの運動習慣があるのは男性で3人に1人、女性は4人に1人程度です。高齢者ほど男女ともその比率が上がるという傾向がありますので、まずはこの仲間入りをめざしたいところです。

ランニングで筋肉をキープすると効率よくダイエットできる

速く走ればやせる――。距離を出せばやせる――。

そういったダイエット幻想については追って解説していきますが、正しく習慣的に走ることがダイエットへの近道であることは間違いありません。

走ることを習慣化することで、ダイエットへの第一歩を踏み出しましょう。

Q02 ランニングで規則正しい生活リズムを整えることができるのはどうしてでしょうか？

50代からシニア世代のみなさんは、認知症を防ぐためにも、脳を健康な状態に保ちたいという願望をおもちだと思いますが、**ランニングの効果として、脳の状態がよくなることがあげられます。**

脳をよい状態に保つために、日々の生活のなかで必要なことは三つあります。

一つめは、脳の活動状態を安定させること。

そのためには、生活のリズムを一定にすることが大切です。起きる時間と寝る時間、仕事をしている時間と趣味に費やす時間を、できるだけ一定にする。生活リズムの安定化は、アスリートにとってもとても大切だといわれています。アスリートは競技中にいろいろ複雑な動作をしていますが、それは脳をたくさん使っていることを意味しています。

つまり、いろいろな状態に体を反応させる働きだけでなく、試合の前や試合中に戦術を考えたり、コーチの指示を理解して咀嚼《そしゃく》したりするなど、体以上に脳を駆使しているのです。

アスリートのなかには「脳が疲れた」と表現する選手がいますが、脳の疲労がそのまま身体的な疲労につながることもわかっています。

その疲労を起こさせないためには、生活のリズムを一定にすることがとても大切になるのです。

一般の方々も同じで、**生活のなかの要素をできるだけ時間どおりに行い、かかる時間も一定にすることが脳にとって大切です。**

いちばんよくないのは、「今日は休みだから長く寝る」とか、「今日は早く起きる」など、普段の生活のリズムを崩すことです。必ずしも365日、変えてはいけないというわけではありませんが、できるかぎり同じにしてください。

生活リズムが不安定だと脳の働きが低下して、人と話をしていてすぐに言葉が出てこなくなるとか、言葉が出る日と出ない日があるとか、ときどき頭の中が真っ白になるとか、そういうことが起こるようになります。

脳にとって大事な二つめのポイントは、脳が活発に働く前の「準備」です。その日にある仕事や会議など重要なイベントの前に、2時間以上、脳が準備する時間をもうけると本番でパフォーマンスが上がると言われています。その準備時間がないと、肝心の「本番」でひらめきと集中力が低下してしまいます。

朝起きて犬の散歩をする、ウォーキングをする、ガーデニングをする、読書をするなどという習慣で、メインイベントに向けて脳の準備運動をしていきましょう。

その一つとして、1日の始まりとしてのランニングは、脳の準備運動のためにも有効なのです。

三つめは、生活習慣病の防止です。

体重の増加傾向、高血圧といった症状は生活習慣病のサインですが、そうした症状を防ぐためにはバランスのよい食生活と適度な運動が必要です。

身近にある適度な運動といえば、まずランニングです。

この三つの観点から、ランニングは、脳のために有効だといえます。

毎日、できるだけ規則正しくランニングをするという行動を取り入れることが生活を整えることになり、脳の健康につながります。

ランニングは脳の働きをよくして充実した1日の準備ができる

Q03 ランニングが怒りを抑制し、認知症予防にもつながるって本当でしょうか？

人間の怒りが増す原因としては、ＢＤＮＦ（脳由来神経栄養因子）という脳がつくり出すタンパク質の減少が上げられ、それは認知症やうつ病につながることが指摘されています。

ＢＤＮＦの濃度がもっとも高いのは大脳で、記憶や空間認識をつかさどる海馬という部分です。海馬は記憶力と空間認識能力を支えているほか、感情の抑制もしています。海馬は25歳を過ぎると0・5パーセントから1パーセントずつ縮小していくといわれ、私がアメリカでスポーツ医学を勉強し始めたころは、減少は避けられないというのが定説でした。

しかし、現在では、有酸素運動をすることによってＢＤＮＦの分泌活動が活性化し、海馬の体積が年に2パーセントずつ増えていくともいわれています。**ランニングで海馬のサイズを増やすことで、物忘れも防げるし、感情もコントロールできるというわけです。**

また、ランニングで怒りや嫌なことを忘れられるという人が多いのは、走っているときには適度なきつさを感じているからでしょう。

それによって「きついな」「つらいな」と思っていたことを忘れられるのです。自分自身のことを考えても、走っていると仕事上の悩みや課題がずいぶん小さなことに思えてくることがあります。

怒りや苛立ちも同じで、前のことがどうでもよくなって、上書きされるという感覚になることはありませんか。習慣的に走るようになると忘れがちですが、ランニングをしているときの人間の体は、自分で思っているよりもぎりぎりの状態でがんばっているのです。心拍も最大心拍数に近づいているし、血液も目いっぱい回さなければならないし、気温や体温の変化にも適応しなければなりません。

さらに、地面が急に斜めになったり、でこぼこになったりしているところで倒れないで進むなどの対応を、脳と体が常にこなしているのです。

走ることは毎日、そんなプロセスをこなしているということ。脳も体もささいなことに関わっている場合ではなくなります。そうしたことも、怒りを忘れ去るメカニズムの一つです。

「嫌なことがあったら6秒数えるまで待て」とアンガーマネジメント（怒りの管理方法）でよくいわれますが、嫌なことがあったら、走り出してみましょう。

健康にもいい一石二鳥のアンガーマネジメントといえるでしょう。

ランニングは究極の怒り抑制
認知症予防になる

Q04 「ランニングはデジタル・デトックスにいい」とよく聞きますが、その効果は何ですか?

現代の日本人が通話以外でスマートフォン（スマホ）を使う平均時間は、週に20時間という調査があります。

たしかに1日中デスクに向かっていると、メールや電話でいろいろな情報が飛び込んできます。必要な連絡ならいいのですが、いまのネット環境は望まなくてもネガティブな情報が目に入ることがあり、ストレスにもつながります。

SNSなどでのコミュニケーションで、ストレスが高まる場合もあるでしょう。また、インターネットに依存すると孤独感や抑うつ感が強まるだけでなく、1日中、休みなく目にすることで、眼精疲労などの影響で、質のいい睡眠を妨げる危険があります。

たとえば、ジムでのランニングやバイクでは、モニター画面を観られるので「ながら」も可能です。**それに対してデジタル情報をシャットダウンして行うランニングは、貴重な時空間と考えていいのではないでしょうか。いわば究極のデジタル・デトックス（デジタル機器と一定期間距離を置くことで、脳や体を休ませリフレッシュすること）**です。

同時に、仕事から離れられる時空間でもあります。

私自身はその日の仕事やノルマを片づけてから走ることが多く、そうしないと落ち着かないという性格ですが、経営者の方などには、仕事が一段落したところでランニングを挟み込むという習慣の方もいます。そうすると、走っているあいだに、「やるべきことやスケジュール、優先順位の整理ができていく」というのです。たしかに、ずっとデスクでパソコンに向かっていると、自分の目の前にあるものがすごく大きくて重く見えがちです。そこを客観的に見直せるのも、スマホやパソコンから離れて行動できるランニングの効用です。

毎日走ることは、スマホから離れる時間をつくることになります。スマホによっては走りながら通信もできますから、理屈的にはリモートでの打ち合わせをしながら走ることも可能ですが、せっかくなのであえて離れることを意識してもいいいいでしょう。

また、**その日にやるべきことをすべて片づけたあと、夜にスマホを手放して走ることも、デジタル・デトックスにつながります。1日の切り替えのスイッチとしても有効かもしれません。**

いずれにしろ、ランニングとスイミングはスマホを手離せる、いまの世の中では貴重な機会です。そうすることで、仕事や作業の効率を上げることができるといえるのではないでしょうか。

デジタル・デトックスでメリハリもついて効率性アップ

Q05 持続的に走ることで腰痛が消えた友人がいますが、その仕組みはどういうことでしょうか？

腰痛は、日本人の10人に1人が何らかの症状を訴えている、いわば国民病です。ヘルニアなどの外科的な疾患だけでなく、歩き方や座り方などの生活習慣に起因することも多く、原因がわからないことも少なくありません。

慢性的な腰痛に悩まされている場合、骨盤と腰椎の周囲と臀部の筋肉の不足が原因であることが多いといえます。

ヘルニアや腰部脊柱管狭窄症の場合はランニングによって悪化する可能性もありますが、**長年の運動不足で筋力が落ちたことによって現れる腰痛の症状には、ランニングの効果はてきめんです。**

こうした腰痛の多くは、骨盤と腰椎の周りの筋肉が硬くなることによっても引き起こされるからです。ランニングは臀部の筋肉を強化できるのに加え、ウォーキングなどの場合と比較して大きく骨盤が動くことにより、筋肉が硬くなっていくのを予防することができます。

さらに、骨盤の周囲の筋肉がしっかりと強化されることによって、骨盤が過剰に動くことを防いでくれます。

つまり、骨盤が安定することにより、人間の要《かなめ》といえる腰回りがしっかりと安定するわけです。

腰と骨盤が安定した動きをすることで体幹がしっかりと保たれ、ブレのない走りができるようになり、さらに走るごとにお尻の筋肉が鍛えられ、フォームが安定して腰痛が起こりにくくなるという好循環が生まれます。

お尻の筋肉には骨盤を下から安定的に支える役割があります。体の基盤を安定させて支えてくれているイメージです。立った状態で下方からお尻をもって支えてもらうと楽なことがわかりますが、その状態をランニングでつくることができるのです。

走り続けることで、下半身を安定させてくれるもう一人のパートナーをもてるわけです。

走ったあとのケアでさらに効果を得ることができるので、腸腰筋や大臀筋の静的ストレッチで疲労をやわらげましょう（↓234ページ）

女性に「ランニングで体のどこが変化しましたか」と聞くと、正しいフォームで走っている人の多くは「お尻の形がよくなった」と答えます。ヒップアップしたということは、お尻の筋肉が目に見えてついたということです。

男女ともに、ランニングには腰痛の予防とシェイプアップの両方につながる効果が期待できるのです。

腰を安定させ支えてくれるパートナーをもつことができる

Q06 齢《よわい》60を超えると、同世代の集まりの席での話題は病気のことが多くなります。ランニングは血糖値を下げたり、血圧を下げたりするものですか？

健康体の場合、血糖値は食後60分から90分くらいにピークに達します。したがって、体から糖を減らすためには、血液の中に糖がたくさん入っている状態のときに、その糖を早く使ってしまえばいいという理屈になります。

口から入った糖質は、まず筋肉には筋グリコーゲンというかたちで、肝臓には肝グリコーゲンというかたちで貯蔵され、脂肪細胞には体脂肪として貯蔵されていきます。

つまり、筋肉を使い、筋グリコーゲンをたくさん減らせれば、糖は余らくなるので体脂肪を大きくする可能性は低くなります。

日本は粗食ブームといわれていますが、歳を重ねると食生活に気を使わなければならない一方で、50代から70代は食の嗜好も変わってきます。

少しは贅沢をしたいと、おいしいものを食べたくなってきて、男性の場合はとくに炭水化物になるのではないでしょうか。

そういったものはどうしても糖分も高いことが多いため、食べてそのままにしておけば体脂肪になります。

50代からシニア世代の方なら、「食べてすぐ横になると牛になる」という格言を聞いたことがあると思いますが、それは真実なのです。

ということは、食後60分から90分で腿周りの大きな筋肉を積極的に動かして糖を消費してしまえばいいわけです。その点で、腿周りやお尻周りの大筋群を動かすランニングは有効です。

もともとの筋肉量が少ないと貯蔵できるグリコーゲンも少ないので、ガソリンが積めない状態になります。

筋量が多いほどスタミナがあるということになり、そもそも疲れづらくもなります。

筋肉が少なくなり、体脂肪で重くなった体は、少量のガソリンで重量のある車を動かさなければならない状態と同じで、すぐにエネルギー切れを起こし疲れやすくなるのです。

ランニングをすれば筋肉量も増え、糖の消費量も高いので、体脂肪の蓄積を抑えるだけでなく、燃焼効率のよい体にしてくれます。

生活習慣病の代表選手である糖尿病の予防という観点でいえば、いいこと尽くしのスパイラルになるわけです。

高血圧の改善には、食生活や生活習慣の見直しが前提になります。

食塩制限、野菜や果物の積極的摂取、適正体重の維持、運動、節酒、禁煙をうたった厚生労働省のガイドラインに沿った生活習慣や、日本高血圧学会の「毎日30分以上または週180分以上の運動」と目安が示されている適度な有酸素運動で改善するとされています。

また、高血圧同様に動脈硬化や心筋梗塞を引き起こすといわれる脂質異常症についても、適度な運動がいわゆる「善玉コレステロール」を増やし、中性脂肪を減らすことが報告されています。

いずれの場合も、生活習慣病の予防のために、1日あたり30分から60分程度のややきつめのランニングが有効といえるでしょう。

筋肉で糖がたくさん使われるので血糖値が下がる

Q07 毎日、定期的にランニングをしていれば、適度な疲労でスムーズに入眠できて、質の高い睡眠が得られるのでしょうか?

睡眠について大きな働きをするのが自律神経です。自律神経は運動不足、肥満、喫煙の三つの要因で働きが悪くなるため、運動をすれば自律神経の働きの正常化の助けになり、よく眠れるようになります。

適度な疲労によって睡眠がとりやすくなるというのは事実です。夕食のあとに走れば就寝時間に近い時間帯に運動をするわけですから、ぐっすり眠りたい場合には有効なように思えます。

しかし、夕方から夜に走ることで、別の効果が出てしまう側面もあるのです。運動をすると、自律神経のうち体を活動モードにする交感神経が優位になり、休息をうながそうとする副交感神経が後退します。つまり、体は疲れているけれど、脳が活発になっている状態になって眠れなくなるのです。

あまり就寝時間に近づけず、できるだけ早い時間に運動したほうが影響を受けにくいという人もいれば、運動をした直後のほうが眠りやすいという人もいます。したがって、「ランニングは睡眠をうながす」という結論には前提があって、生活習慣や体質によって変わってくるということです。

これについては、第5章の中で詳しく解説しますが（↓136ページ）、その前段階の習慣化のプロセスで実際に試してみて、自分にはどちらが向いているかを把握しておくのもよいかと思います。

自律神経が正常化することで快眠につながる

Q08 ランニング中は集中力が高まり、いろいろな課題を整理でき仕事が進むように感じますが、その理由は何でしょうか？

スマホやパソコンから入ってくる多くの情報が、ランニング中はシャットアウトされます。さらに、一定のリズムを刻むことによって集中力が高まりやすく、アイデアが生まれやすくなります。

私が着目するのは外気温の変化です。朝起きてから室内にずっといると、一定の室温のなかで1日を送ることになりますが、日本は四季のある国です。

1年を通して気温が変化するなかで、体温もホルモンバランスも心拍数も一定に保たれているのが人間のもつ恒常性なのですが、それを保っているのが自律神経です。

ランニングで、この神経を正常化させることができます。

冬は息が白くなるほど寒いなかを、夏はそれこそ40度近い気温のなかを走ることもあります。しかも、走ることによって体温が自然と上昇するなかで、自律神経はエアコンのように体を環境に合わせてコントロールしています。

さらに、自律神経は心とつながっていて、自律神経のコントロールが上手な人は精神的な疾患にかかりにくいともいわれているのです。

抗うつ剤などの薬よりも運動のほうがより成果があるというデータは数多くあります。

自律神経が整うと仕事の効率も上がり、交感神経を研ぎ澄ませて仕事に向かえます。

逆に、自律神経が弱まると、仕事をしなければならないときにも副交感神経が優位になって体は休息モードになり、仕事の効率も下がります。

ランニングによって、その状況を適正化させることができます。

気温でいえば、24時間ずっと同じ室温で仕事から生活までしているような状態は、体力だけでなく、自律神経の働きも低下させます。

よく「寒いところは風邪を引くから」と言いますが、正確には寒いところに出ていかないから風邪を引くわけです。

四季のなかで過ごす日本人はもともと気候の変化に対応する能力が高いわけですが、そこをいっそう鍛えることができるのが、屋外で行うランニングなのです。

外気で自律神経が正常化され集中力がアップする

Q09 ランニングによって自信が出てきて、見た目も若返ると聞きます。本当でしょうか?

20代や30代は、仕事にしてもなんにしても「初めてのこと」が多いといえます。失敗の回数が多いのと同様に、達成感を得る機会も多くなります。

一方、50代、60代では未知や未達の目標にふれたり挑んだりすることが減ってきます。しかし、初めて体験することによって何か成果を得られれば、年齢に関係なく自信につながります。レッスンを受けて技術を習得し、徐々に成果や手ごたえを得るゴルフなどと違って、ランニングは距離やスピードというわかりやすい指標があり、成果が可視化されて実感を得やすい運動です。

また、有酸素運動の優等生ですから、正しい走り方をすれば体重計の数字の変化にもつながるでしょう。

ダイエットが順調に進めば、「まだまだ自分はできるんだな」という自信になりますし、体の衰えを感じるなかで走る距離が伸びたりタイムが縮んだりすれば、まだ自分の体は成長できるという自信を得ることもできます。

実際、ランニングの有酸素運動によって血液の循環がよくなることで疲労につながる物質が循環されやすくなり、疲れにくくなります。疲れにくくなれば心身ともに活動的になり、若く見られるようになります。

目標に挑戦すると心身ともに若返る

運動をしすぎると活性酸素が増えて体やアンチエイジングに悪いという説もありますが、ランニング程度ならそうした心配は当てはまりません。世界保健機関（ＷＨＯ）が適度な運動として目安とする「１週間に１５０分から３００分程度の中程度の有酸素運動」にしたがっていれば、心配は無用です。

Q10 ランニングを続けているとご飯がおいしくなり、逆にオーバーカロリーにならないでしょうか？

簡易的な消費エネルギー計算では、こんな算式が知られています。

消費エネルギー量（kcal）＝体重（kg）×距離（km）

距離は走行距離を示します。この数式ではじきだされたカロリーを超えなければ、オーバーカロリーにはなりません。

朝食を食べたのに、走ると昼前には空腹を感じ、「お腹がすくのが早くなった」というランナーの話も聞きます。筋肉を使う運動を適度にすると、筋グリコーゲンを消費する、すなわちガソリンタンクが減っていきますから、体が燃料を欲するのは当然のことです。

1日3食が必要というのは人間が健康に暮らす基準で、普通ならお腹がすくはずの昼食時や夕食時に、「食べる気がしない」「お腹がすかない」というのは、適切にエネルギーを使っていないことを意味します。

運動をしない体は筋肉が少ないので、たとえ少量の食事でも、糖を貯蔵することができなくなります。では、あまった糖はどこにいくのかといえば、体脂肪として貯蔵されるわけです。

「そんなに量を食べていないのに、なぜか太ってしまう」と嘆く方がいますが、筋肉量が少ないのが理由なのです。

強度をコントロールできるランニングは、正しい向き合い方をすれば効果的なダイエットにつながる運動であると同時に、健康な体のための食生活をつくり上げられる運動といえます。

体を動かすことで血液に含まれる糖がエネルギーとして使用され、血糖値が下がり、筋肉や脂肪が分解されていきます。

こうして血中の脂肪酸が増えると、摂食中枢から空腹を訴えるシグナルが送られます。それこそが、お腹がすいたという現象なのです。

食生活の乱れは、このシグナルを正しい状況判断で送り出す摂食中枢や満腹中枢が誤作動を起こすことが原因です。

1日3食を「ちゃんと食べることができる」というと、太るとか過剰摂取とか、悪いイメージで受け取られることもあります。でも、きちんと食べられるということは、体に必要な栄養素を摂取できているということなのです。

非常にいいことですし、100歳まで生きる人は、高齢になってもちゃんと食べています。ランニングは健康な体をつくる食生活への第一歩といえます。

走ることは健康な食生活への第一歩

第3章

走りだす前に必ずやっておきたい準備

Q11 何十年もろくに運動をしてこなかったのに、いきなり走り始めてもいいものでしょうか。ならし運転は必要ですか？

いい質問です。ジョギング程度の軽い運動であれば、いきなり始めても、すぐに体にダメージが加わるようなことはないでしょう。でも、**長く健康に走るためには、それなりの準備をしたほうがいいことに間違いはありません。**

真剣にダイエットをしようと思っていたり、人間ドックの数値が悪くて、生活習慣病を予防するために走ろうとしたりする方は、効果を得るために長続きすることを考えなければなりません。

そのためには自動車でいうシャーシ、つまり土台をつくって、整えてから走ることが大切です。そのうえでエンジンやガソリンをためるタンクを整備していきましょう。

次ページの図を見てください。

ここでは、フルマラソンに挑戦するレベルに向かうまでに、段階的に何をクリアしていくかを示しています。この章で解説するのは「準備期」ですが、この先、十何年単位で健康を保つために走ることを考えた場合、最初の1カ月から2カ月を土台づくりにあてても、決してムダではないはずです。

運動不足で明らかに体脂肪が多い、お酒の飲みすぎで肝臓の値が悪く健康診断で引っかかったなど、悩みはそれぞれかと思いますが、まずおもにダイエットと健康維持の目的に話をしぼって準備段階の説明をしていきます。

走る前に体重を落とすという方もいるようですが、それは逆効果です。体重を落とすために食事を減らしたり、不規則な食生活を送ったりすることによって、土台づくりに必要な材料が足りないままで準備をすることになるからです。

ほとんどの方が、まずはウォーキングから始めてランニングをと考えますが、

日常化期	中級	上級
3カ月～	10キロ！ 6カ月～	1年～
日常的に走らないと気持ち悪くなる	**スピードや距離に挑戦したくなってくる**	**レースや大会に出場したくなってくる**
・月間200キロは危険なサイン（P122）	・速度と距離の日々の目標は（P152）	・まずはハーフで場慣れを（P186）
・サポーターとアイシング（P126）	・スマートウォッチの使い方（P155）	・初マラソンレースの選び方（P189）
・距離と時間のためのフォーム（P130）	・厚底シューズの導入は（P159）	・知り合いに協力を仰ぐ方法（P192）
・コースは周回かワンウェイか（P133）	・早朝ランと夜間ランのポイント（P162）	・大会前日・前夜の過ごし方（P194）
・朝に走るか、夜に走るか（P136）	・入浴とサウナの効用と注意点（P165）	・アプリ共有で励みに（P196）
・水分補給は走る前か途中か（P140）	・準備と事後ストレッチの考え方（P167）	・ウルトラマラソンのめざし方（P200）
・熱中症と貧血に注意する理由（P144）	・長く健康に走るための食事とは（P171）	
・適切な目標の立て方とは（P147）	・10キロ以上の目標設定の選択（P176）	
	・長く走る秘訣は走りすぎない（P181）	

長く健康に走るための段階とは？

	準備期	習慣化期
	1カ月～2カ月	2週間
	走るための足の筋肉をつける・取り戻す	自分が心地よく走れる習慣を見つける
50代	・マンションやオフィスの階段を上り下り⇒P84 ・通勤の際や休日に速めのウォーキング⇒P85 ・連動性を意識した自宅トレ⇒P85	・生活リズムのなかで走る時間をつかむ（P100） ・無理のない距離で走り始める（P103） ・シューズの選び方と買い方（P106）
60代	・ジムで安定的なトレーニング⇒P86 ・食生活を見直す⇒P93 ・短時間のきつめのウォーキング⇒P86	・正しいフォームとは何か（P110） ・痛みの見分け方と危険なサイン（P114）
70代	・ジムで安定的なトレーニング⇒P86 ・食生活を見直す⇒P93 ・睡眠を改善する⇒P96	・スイミングとの併用の仕方（P116） ・ストレッチの考え方は（P167）

ただでさえ筋肉量が落ちているところに、ウォーキングでいかに距離や時間をかけても効果はありません。その時間があれば、筋トレで脚の筋肉を少しでも回復することが大切です。

脚の筋肉を増やさなければ走っても消費カロリーが上がってきませんし、不安定な状態で走るので関節を傷めやすくなります。

土台づくりとは、筋肉量を増やすこと。少なくとも40代の筋肉量に戻すことです。ウォーキングは気分転換ということにして、本格的に走り出す前にまずは筋トレから入りましょう。

人間の体はランニングのような有酸素運動をするのか、筋トレのようなレジスタンストレーニング（筋肉に負荷をかけて動作を繰り返し行ういわゆる筋トレ）をするのかによって変わってきます。

ボディビルダーの人たちがジムにタクシーで行く、という話を聞いたことがありませんか。歩いていくことで、筋肉が使われて減ることを恐れるからです。

オリンピック選手でも有酸素の長距離の選手はスレンダーですが、ほぼ無酸素運動で勝負する短距離の選手は筋骨隆々です。

歩く、走るといった有酸素運動は筋肉がエネルギーとして使われやすいのに対して、筋トレは筋肉が増えていくことを理解しましょう。

つまり、ウォーキングは強度が低い有酸素運動なので、筋肉は減る割合が多いうえに、さほど基礎代謝量も上がらないため、ダイエットには逆効果ということになるのです。

ランニングをする前にウォーキングで体重を落とすという考え方ではなくて、ランニングをするために筋肉をつけましょう。

筋肉をつけるには、筋トレが必要であり、ランニングのために必要な脚の筋肉を蓄えるには、できればジムで体全体の筋肉を増やす全面性のトレーニングをしたいところです。

なぜなら、全面性のトレーニングで筋肉全体を増やすことによって、脚の筋肉もつけていくのが有効だからです。前、後ろ、ふくらはぎ、お尻、お腹周り、胸と、全体をバランスよく鍛えていきます。

走り始める前の1カ月から2カ月のあいだ、その日のメニューをジムのスタッフにつくってもらってトライし、慣れてきたら次のメニューに移るという過程が必要です。筋トレは頻度と強度がすべてです。最低でも週に2回、ある程度の負荷で2カ月続けると効果が出てきます。

しかも、人間の体にはトレーニングによって耐性ができてくるので、徐々に負荷を上げるか、種目を変えたり、増やすなどの刺激が必要になってきます。ジムに行かずに筋肉を増やすことはできないのかといわれれば、必ずしもそうではありません。トレーニングメニューはＹｏｕＴｕｂｅなどの動画投稿でも出てきますし、スポーツクラブに置いてあるテキストなども参考になると思います。

夏場の8月、9月は室内の自宅ジムで鍛えて、10月からのランニングシーズンに走り始めるというのは、プロセスとしてとても有効です。

まずは2カ月かけて土台づくりをしましょう

Q12 準備期間の定期的な運動を、年代別に整理して教えてもらえますか？

50代から説明していきましょう。疲労の回復度は低下するものの、筋肉量にはそれなりの「貯筋」があるという前提で進めます。

個人差があるとはいえ、まず筋肉をつけてから走るという段階を踏むのが正しいと思います。ただ、50代前半で筋肉量に自信があれば、自宅のマンションやオフィス、駅などのの階段を意識的に上り下りするというアクティブな習慣と並行してランニングをスタートする、というのもありでしょう。

日常的に階段を使う習慣がない人は、意識して生活のなかで階段を使うことで、筋肉が少しずつ戻っていきます。通勤の際や休日に速めのウォーキングをするのもよいでしょう。

ただ、普段から階段の上り下りをしている方々にとっては、筋肉をつけるにはより強い負荷と運動が必要になります。自宅での筋トレについては難度が高く、たとえば両足のスクワットをするとしても、普段から階段を使っていて、意識的に歩いている人にとっては逆に減負荷になってしまうことがあります。

ポイントは普段与えている刺激よりも強い刺激を与えることです。

自宅でのトレーニング（自宅トレ）は導入しやすい反面、負荷設定を間違えると効果が得られない難しさがあるのです。

その点、ジムでの負荷の設定は単純に重さを変えるだけなので、わかりやすく、安定的なトレーニングができて成果が得やすいといえます。

一方で、体を固定して下半身に負荷を与えるので、体幹が使えないというデメリットもあります。

自宅トレは不安定なバランスでトレーニングをすることが多いので、上半身が安定した状態にはないランニングに必要な要素を取り入れるという面では有効ということになるわけです。

一定の土台がまだある50代の人には、できるだけ体幹を使いながらトレーニングをしてほしいので、自宅トレを続けるのも有効だと思います。

60代は筋肉ができるスピードが50代に比べて遅くなるので、体幹を意識した連動性よりも、土台を安定させるために筋力をつけることに重点を置かなければなりません。安全に強い負荷を与えることで筋肉量を増やすことが主眼になるので、ジムがベターといえるでしょう。

70代は筋トレも必要ですが、ウォーキングから入るのが現実的だと思います。人によっては50代、60代のメニューを取り入れてもらってもかまいませんし、階段を上り下りするのも、ジムに通うのもありです。

ただ、ウォーキングはコース選びに注意してください。平坦なコースを選びがちですが、坂のあるところを、息が上がるくらいのスピードで歩くことが大事です。

繰り返しますが、ウォーキング自体では筋力はつきにくい。ただ歩く

だけではランニングのスタート地点に到達できないのです。

きつぃくらぃの坂道を行くこと、そしてスピードを上げること。1時間、2時間と長く漫然と歩くのではなく、短くてもいいので強度とスピードを上げることを意識してください。

私の父も、70歳近くで心臓のバイパス手術をしたことをきっかけに運動を始めました。もともと仕事人間で運動習慣はほぼありませんでしたが、医師に運動をすすめられて、リハビリのあとにウォーキングを始めたのです。

そして、88歳になるいまも毎日続けています。45分から60分くらい、最初は平坦なコースだったところを坂道にするようにして、時折軽いジョギングもするようになっています。

ずっと走るわけではなく、道沿いにある木を目標に、「次の木まで走ろう」などと区切りをつけます。行きの坂道は歩いて、下りになる帰りは所々にジョギングを入れるなどの工夫をしています。大雨の日は休みますが、習慣化して続けることで、健康に過ごしています。

いうまでもないことですが、ここでの50代、60代、70代はあくまで数字の区切りにすぎず、個人差があるので、まずは自分の体と相談してください。

ランニングに限らず運動について、一般論として「何をどれくらいで始めたらいいでしょうか」という質問を受けます。ただ、データや属性、特徴、背景などが不明なところでの解答は難しいところがあります。

50代からシニア世代には「人生の残り時間が長くない」という心持ちの方も多く、マニュアルを求めがちです。でも、何をやってはダメだということがないのと同様、何が正解かもありません。

個人差があることをあらためて申し添えつつ、走るための土台づくりといえる筋力アップの入り口について整理すると、次のようになるでしょうか。

▽50代～60代
○ほとんど歩かず、階段よりもエスカレーター、エレベーターを使う人
↓階段を上り下りしたり、通勤の際に速めのウォーキングをしたりしまし

よう。

○普段から階段の上り下りなど、日常生活に運動的要素を取り入れている人

↓自宅で運動性を意識したトレーニングをしましょう。

いずれも半月ほど経ったら、ジムに行って安定的なトレーニングを取り入れるのもいいでしょう。

▽60代～70代

○仕事をリタイアして家にいることも多く、日課は散歩程度の人

↓1時間や2時間歩くのではなく、短時間でもいいのできつい坂道を上ったり、息が上がるくらいの速さでウォーキングをしたり、という習慣をつけましょう。

習慣にして半月ほど経ったら、ジムに行って安定的なトレーニングを取り入れるのもいいでしょう。

頻度や所要時間に決まりはありませんが、ＷＨＯが提唱している「１週間に１５０分から３００分程度の中程度の有酸素運動を」という健康の基準に照らせば、週に５日やるとして１日あたり30分から１時間くらいです。

中程度の強度ってどれくらいなのかという疑問を抱いたら、46ページで紹介した主観的運動強度（ＲＰＥ）という指標を見直して下さい。もっとも効果的に脂肪を燃焼できるのが「中程度の強度」です。

まずは30分程度、ただ歩くのではなく、階段を上り下りしたり早歩きをしたりという負荷をかけた運動をするということを、一つの目安として考えていいと思います。

50代は「貯筋」を意識 70代はウォーキングから

Q13 50代以上の世代が、筋肉量が増えているかどうかを知るにはどうすればいいのでしょうか？

ジムにはインボディという高価な計測機器がありますが、自宅でできるのはメジャーを使って自分の筋肉を測ることです。部位はもっとも図りやすい大腿部でいいでしょう。

男性の場合は皮下脂肪がさほど多くないので、測る位置を、目印を頼りに決めてください。

たとえば、「大腿部のほくろのあるところ」というような目安をつくって、腹囲やウエストを測るような要領で、大腿部を定期的に同じ箇所を測ると、筋肉量の増減がわかります。

私たちがクライアントに向き合うときには同じ条件で測ることが大切になり

ますが、個人の場合は同じ位置で測るということさえ決めれば事足ります。

ふくらはぎでよくやるのは、手の指で輪をつくって回して測る方法です。指でつくった輪の大きさは変わりませんので、これも一つの目安になるかと思います。

一般的に、指がついてしまう場合には足が細すぎて筋肉が足りない状態といわれます。

いずれにしろ、筋肉量が上がると基礎代謝量も増えますから、少し多目に食べても大丈夫ということになる、うれしいサインでもあります。

大腿部やふくらはぎの筋肉量は自宅でも計測可能

Q14 昔より飲酒量も減りましたが、筋トレと同時に、食生活も見直したほうがいいでしょうか？

ランニングをする大きな目的の一つとして、「体重を落としたい」「生活習慣病を予防したい」という健康目的を掲げる方は多いでしょう。そういった目的をもつ方々の共通点はオーバーカロリーだと思いますが、答えは簡単です。

日本人の基本の食事を意識して、準備期を過ごしてください。摂取カロリーが消費カロリーを上回っていたら、次の習慣期に入ったところでいくら走り始めても、ダイエットにも生活習慣病の予防にもなりません。

また、栄養素が足りていないところで運動すると、筋肉量は目に見えて減っていきます。

60代、70代はただでさえ食が細くなっていくので、そのままの食習慣でランニングに臨むと、体にタンパク質と糖質が足りない状態で運動をすることになりかねません。

糖質は要らないのではと思われがちですが、体を動かすために脂肪を燃焼させるエネルギーであり、いわばガソリンです。

とくに、70代は筋力をいかに維持するかが大きなテーマです。

健康面を考えて取り入れた粗食が逆効果になり、運動で筋肉をつくろうと思っても、逆に減ってしまうという悪循環に陥ります。

日本には定食があります。茶碗一膳のごはん、具入りの味噌汁、メイン料理と添え物の野菜、副菜。これを普通に食べていれば、オーバーカロリーになることはまずありません。栄養バランスもほぼ整います。

150〜180グラムくらいのご飯に、野菜や海藻など具沢山の味噌汁、メインが豚の生姜焼きならば、キャベツなどが添えられているでしょう。

副菜はホウレン草の胡麻和えか、きんぴらか、ひじきか。これを朝昼晩食べていたら、まず太ることはないのです。

それに対して、ラーメンやパスタ、パンだけという単品食を続けると、バランスが崩れるわけです。もちろん、麺類などを絶対に食べてはダメということではなく、1週間に1回とか、2週間に1回などに意識して抑制していきましょう。

基本は和食の定食をとることを意識していけば、2カ月で走るためのベースは整います。

乱れた食生活は和定食で整える

Q15 早朝に目覚めてしまい、睡眠の質が下がっている実感があります。運動にとって睡眠の重要性は？

睡眠は成長ホルモンの分泌をうながします。それによって運動全般で、体の壊れた部分を修復し、人間の体は回復を繰り返していきます。

分泌作用がピークを迎えるのが入眠後30分くらいで、そこからは成長ホルモンを出しながら眠っている——それが人の睡眠の基本メカニズムです。

運動で傷ついた筋肉を修復することによって、筋肉自体も増えていくのに対し、睡眠時間が短くなると総分泌量が減ることになり、体の修復ができにくくなります。**年齢を経ると睡眠の質が下がっていく原因は、自律神経の働きが弱まることも要因の一つです。**その要因は前にもふれたとおり、運動不足、肥満、喫煙です。

自律神経の働きが弱まると、副交感神経への切り替えが悪くなり、不眠になりがちですが、要因のうち運動不足を解消できるのがランニング効果ということになります。

運動することによって自律神経の働きがよくなり、よく眠れるようになるわけです。

まずはその効果を得るために、この準備期間で適切な睡眠を確保することを意識して実践しましょう。

寝る直前のスマホを禁止し運動に適切な睡眠を確保する

第4章

ランニングを習慣化するには

Q16 走り始めは、どれくらいの時間をかけて走ったらいいのか？ また、休みの取り方は？

1カ月から2カ月で準備期間の終了です。78～79ページの図にある「習慣化期」のプロセスに入っていきます。では、走り始めようというときに、何を考えればいいのでしょうか。

距離や時間という目的とは別に、ランニングの入り口として、まず「習慣化」を考えてください。

ランニングを始めたといっても、1カ月に1回走ったところで、体はうんともすんともいいません。それはイベントにすぎないのです。

週に2回から3回走るということになると、朝起きて歯を磨いたり、顔を洗ったりするのと同じように、自然に定めた決まり事にしていかなければなりません。**最初の半月は、まずこの「習慣化」だけを考えましょう。**

いつ、どれくらい走ることが自分に合っているのか。そのタイミングで走ることで、無理が生じていないか。この段階でマニュアルにしたがってスケジュールを立てると、長続きをしない原因になりますので、いろいろ工夫してみて、自分の性格と体調と生活に合った習慣を見つけていきましょう。ランニングを「日常化」するのは、それからです。

走る時間はいつなのか。朝なのか夜なのか。あるいはランチタイムなのか。走る曜日は？　ウィークデーなのか、週末なのか。みなさん、仕事や1日のリズムが違います。

どの時間がいいのかというのは二の次で、自分がどの時間に運動することが快適で苦にならないかを見つけるために、一定の決まりで2週間は続けてください。

習慣化して、その時間に走らないと気持ち悪いという感覚を覚えれば、それが日常化への入り口です。

最初はウォーキングがいいという入門書もありますが、その人の能力や年齢にもよるものの、走れるのならば走ったほうがいいと思います。

走る頻度と休みの目安をよく聞かれますが、厚生労働省が目安として提唱している「1回30分以上・週2回以上」を原則としたらどうでしょうか。

週に2日といっても集中して走る必要はなく、1日おきなど、自分自身の生活リズムと仕事のスケジュールに合わせて決めればよいかと思います。

繰り返しますが、この段階での「習慣化」は、あくまで既存の生活リズムのなかにランニングを組み入れていくイメージでいいのです。

「習慣化」の入り口は自分自身で発見していこう

Q17 1回あたりの走行距離はどのようにすればいいでしょうか。10キロをめざしたほうがいいですか？

距離も無理のない程度で、それこそ体との対話を大切にしてください。1キロが2キロに、次に3キロが5キロにという段階を踏んでいけばよいと思います。

そうやってめざすゴールの一つの目安は10キロです。

消費エネルギー量（kcal）の計算式は、前述したように「体重（kg）×距離（km）」ですので、70キロの男性が10キロ走ると、およそ700キロカロリーを燃焼します。

たとえば、ダイエット目的で始めるときに、1回の消費が100キロカロリーでは、ほぼ目的に到達できません。

それが７００キロカロリーくらいになれば脂肪が燃焼したり、食べすぎても太らなかったりするという現象が起こってきます。

その目安の７００キロカロリーがどれくらいのものかというと、コーヒーチェーン「スターバックス」のチョコレートケーキが一つ約４００キロカロリー、市販の標準的な大きさのポテトチップス一袋が約３００キロカロリーです。

この両方を食べるとなると、罪悪感を覚えませんか。この二つを同時に食べてもチャラにできるのが、10キロという数字なのです。

つまり、それくらいはがんばらないと成功しないということです。

１００キロカロリーだと、カフェオレを飲んだだけでもすでにマイナスですから。

チョコレートケーキとポテトチップスのカロリーは一つの例ですが、普段口にしている食事やデザートなどのおおよそのカロリーを頭に入れて、自分で走って消費しているカロリーと天秤にかける習慣をつけるのも、意識づけとして有効かと思います。

　最初から10キロは無理ですから、あくまで一つの目標です。習慣化の入り口は、たとえば1キロでもよく、毎日伸ばしていく必要はありません。ただ、先に書いたように心肺機能の効果は早めに出てくるので、週単位で距離を伸ばしていきましょう。効果を実感することが長続きの原動力になるのですから。

チョコレートケーキとポテトチップスのカロリー消費をめざそう

Q18 専門店に行くとギアが多くて目移りします。いいウエアとシューズの選び方はありますか?

動きにくいものでなければ、走るときの服装は自分の気分に合ったものでいいと思います。

夏は速乾性と通気性に優れたウエアがありますので、快適に走れるものを選びましょう。ナイトランの場合は、リフレクター（反射材）つきのものやカラフルなウエアのほうが安全に走れます。

シューズはある程度の値段のものを選んでください。

よくいわれるように、ランニングは体重の3倍ほどの重みによる衝撃を一歩一歩、脚に与える運動です。一定のレベルのランニングシューズには、その衝撃を緩和するアブソーバーが備えられています。

最低限の機能を備えたランニングシューズになると、1万5000円前後はします。また、お気に入りのシューズが見つかると、モチベーションにもつながります。

そして、いちばん大切なのは、デザインよりも自分のレベルに合ったものを選ぶことです。

日常生活よりもはるかに長い距離で使うわけですから、サイズとフィット感が大事なことはいうまでもありません。

ネット販売ではなく、店頭で店のスタッフの助言を受けながら、実際に足を入れて歩いてみてから、最適なシューズを決めてください。

本当に自分の足にフィットしたシューズを選ぶと、それだけで足の運びが違うし、気持ちがいいものです。

とくに、女性でヒールを履いている方が「シューズってこんなに心地がいいもの」と気づくだけで、走る意欲につながるケースもあります。

いまのシューズはきちんと足が前に出ていくようにソールの前部にカーブが

シューズ選びのポイント

ジャストフィットしているか
専門店で必ず足を入れて足全体が包まれているような感覚のものを選ぶ。シューレースをきつく結びすぎると血行を妨げるので注意

軽さだけで選ばない
上級者やアスリートモデルほどシューズの重量は軽くなりますが、筋肉が十分でトレーニングを積む前は衝撃吸収と安定性のほうを重視

衝撃吸収機能があるか
普通のスニーカーだとラバーとインソールに十分な厚さと機能がないので、衝撃で膝や関節を傷めるリスク大

靴底の形態は適切か
乾いたアスファルトの上を走ることを前提にしているソールのシューズは滑りやすいので、突起のある全天候型が無難

試し履きができるか
サイズや形状はメーカーによって異なるので、店舗やメーカー実施の「試し履きキャンペーン」で実際に走ってみる

いつものメーカーでも油断しない
同じメーカーでもモデルによって履き心地はまったく違うことも多い。たくさん履き比べるのがベスト

ついていたり、クッションが工夫されていたりするので、快適で効果的です。

ランニングシューズは値段の安いものは選ばない

Q19 マラソンや駅伝の中継を見ていると、フォームも人によりバラバラです。正しいフォームとは？

走り始めの段階では、私はあまりフォームのことにふれないようにしています。「こうしましょう」と言うと、難しいものだという意識が強まり、逆効果になるからです。

ただ、「やらないようにしたほうがいい」ことはたしかにあるので、ここではそこを指摘しておきます。その一つが、「意識してかかとから着地しようとすること」です。

無理にかかとから着地しようとすると、つま先を上げなくてはならないのですが、ふくらはぎの筋肉に柔軟性がないとつま先は上がりません。

つま先を上げるために使われる脛の筋肉は年齢とともに弱くなりやすく、裏側のふくらはぎの筋肉は固くなりやすいのです。

そのため、年齢が上がるにつれてつま先が上げにくくなって、つま先が引っかかって転んでしまうことが多くなります。

したがって、筋肉が弱く、硬い傾向のあるミドルエイジ以上のランナーは、かかとから着くのではなく、足の真ん中の中足部で着地する意識で走ることが大事になります。

前足部だとどうしても突っ込んでしまいますし、かかとだと先ほどの弊害があるからです。

女性の場合は、ヒールを履いている習慣から前足部で着地をしがちなので、爪下血腫《そうかけっしゅ》といって爪が赤黒くなる現象が出てきます。

腕ふりは、理屈的には前後に動くのが自然で、前に振ったほうが推進力は生まれますが、シドニーオリンピック金メダリストの高橋尚子さんは横運動であれだけの走りができていました。

無理に前に振ろうとか、足を出そうとか意識をしないで、最初は自分の体に素直に動くほうがいいと思います。

走り方の癖は、シューズの裏側である程度うかがい知ることができます。かかとの外側がすり減っていくのが普通で、内側が減っていくのは膝に負担がかかるフォームになっている可能性があります。通常は外から内に力が加わっていきます。

シューズの変形は1週間や2週間では現れませんが、足の豆のでき方である程度知ることもできます。これも1カ月単位にならないとなかなか出てきませんが、走り方に癖があることの一つの指標にはなるかと思います。

その癖のある動きによって、どこかに痛みが出てきているのであれば考えなければなりませんが、癖があることが必ずしも悪いことにはなりません。

どこかに癖があるということは、距離を伸ばしていくうえでのウィークポイントになる可能性がありますが、それも長い距離を走ってみて、初めてわかるものです。

逆にいえば、負傷につながるウィークポイントを見つけるために、長い距離を走るということになります。

「このまま距離を伸ばしていくと、こうなるかもしれない」と予測することはできます。プロのトレーナーはその予測をすることがとても得意です。

フォームは意識不要。無理なかかと着地はやめる

Q20 ランニングは膝や関節の痛みを引き起こしやすいと聞きますが、痛みの見分け方や不調のサインは？

筋肉の土台をつくって走り始めたとしても、たとえ1キロでも痛みや違和感などのサインが出ることがあります。

すべてがすべてではありませんが、両足に起こるもの、たとえば膝とか足首などはさほど心配する必要はないでしょう。筋肉を使ったことによる痛みとか、両方の腰や肩に張りがあるなどは気にする必要はありません。

一方で、片側に起こっているものは心配です。

股関節や足首など、おもに関節周りに起こっている痛みであれば、内部組織の靭帯や軟骨、腱などが関連している可能性があります。

その場合は、修復する材料を運ぶ血管というルートが近くにないことが多いので、放っておいて自然に治ることは難しくなります。

ただ、片側でも筋肉しか存在しない部位、たとえばふくらはぎや腿も中央などは血管があるので、だいたいの場合は自然に治癒していく場合が多いです。

また、走り始めに少し違和感があっても、動いているうちに消失していく痛みも心配ありませんが、**動いていると痛みが増してくるというのは危険なサインといえます。**そのときは走るのを中止して、医師やトレーナーなど専門の方に診てもらいましょう。

両足よりも片足の痛みは危険

Q21 夏を中心にプールにも通っています。ランニングとスイミングとの併用はありでしょうか？

ランニング水圧による代謝向上の効果が望めるスイミングの違いは、重力の影響を受けるか受けないかです。同じ有酸素運動で、併用している方も多い二つの運動ですが、骨を丈夫にする効果という点でいうと、スイミングは浮力があるため劣ります。

高齢になって骨が弱くなっていくことの理由の一つに、食生活の変化があります。女性の場合は女性ホルモンの関係も大きいのですが、一般論でいえば骨は定期的に刺激を与えてあげないと強くなりません。

骨の強化にはカルシウムやミネラルなどの成分が必要で、食事が質素になるほどにそういった栄養素が足りなくなり、骨が弱くなるのです。骨が弱くなると骨折のリスクだけでなく、関節痛の原因にもなり、結果、筋力や体力が低下していくという悪循環に陥ります。

高齢の女性にプールが大好きという方が多いのは、体重が重たくても浮力で楽になるからです。楽に運動ができて、「やった感」があります。しかし、プールでは骨への刺激が足りなくなるので、できれば高齢になればなるほど、陸上でのインパクトも合わせて与えたほうがいいのです。ランニングとスイミングの併用が望ましいといわれる理由です。

理想のバランスは〝走と泳〟を30分ずつ

ベストは、1日のなかで30分走って30分泳ぐというようなクロストレーニング。気分を変える意味でも、効果的といえるでしょう。

Q22 ランニングの前後に、体をほぐしたり、温めたりするストレッチは必要ありませんか？

走り出す前には体を温める動的ストレッチも必要ですし、できれば体幹トレーニングもやってほしいところですが、ここではそこまでの要求はしません。まだランニングになじんでいない方に向けて、1キロ走る前にまず30分近く動的ストレッチをこなし、走ったあとにストレッチをして体幹トレーニングをする、などと要求すれば、ランニングが続かないもとになりかねないからです。

1キロや2キロ走ることで負傷をすることはまずありません。

その後、だんだん距離を伸ばしていくなかで、どうも疲労が抜けないなとか、体が痛いなというサインを本人が受け取っていく過程において、ストレッチが必要だと自覚的に思ってくれればいいと思っています。

10キロ以上を走れるようになり、そこでやはりやったほうがいいと思ったところで、初めて積極的に耳を傾けてくれるものだからです。

以前、拙著『運動前のストレッチはやめなさい 体を痛めず硬さをほぐす効果倍増メソッド（SBクリエイティブ）』に「ウォーキングにもランニングにもとりあえずウォーミングアップは必要ない」と書いたことがあるのですが、DM（ダイレクトメッセージ）で「気が楽になりました」「すごくうれしかったです」という意見が複数、送られてきたこともあります。

ランニングを「日常化」して本格的に走り始めた段階での効果的なストレッチについては、このあと第9章で解説します。

ストレッチは最初は不要。必要に応じて導入を

第5章

さらに進んで日常化するには

Q23 走ることを日常化するうえで、どれくらいの時間と距離で走ればいいのでしょうか？　月間200キロが目安と聞きますが。

２００キロは目標値というより、危険ゾーンを示す数字です。月間の走行距離が２００キロを超えると、障害発生率が一気に8割程度に高まるというデータがあるからです。

つまり、この２００キロのラインを超えたほとんどの方が、体のどこかにケガをもって走るということになります。

部位でいえば、「2トップ」といわれる腰と膝が傷む危険があります。トップ選手だったらいざ知らず、オーバートレーニングの範囲を超えた「走りすぎ」です。

持ちタイムはともかく、フルマラソンを何回かこなせた方、あるいはこれからも走る体力と自信がある方の場合、その走力をキープするための目安は月間で80～100キロ程度です。

月にこの距離の範囲を走っていれば、最低限フルマラソンを走りきる力は維持できるといえます。

50代から60代以上のランナーは、加齢にしたがって、二つのステージで距離を考えてはどうでしょうか。

まず、月間100キロ前後を習慣的に走っているランナーであれば、80～100キロを最初のステージに設定して持続し、5年後とか10年後に体力が落ちてきたときに、60～80キロに下げていく。

さらに、そこも「ちょっと」という感覚になってきたら、40キロ。月に4日走るとして、1日10キロ程度ということになります。

ステージをどこで切り替えるかがポイントですが、ご自身が日常的にできる確率が「50パーセント」というラインに置いてみましょう。

たとえば、80キロの目標を置いて1カ月やってみて、最初の1カ月はできたけれど、次の月はきつかったというなら、目標ステージを60キロくらいに下げたほうがいいでしょう。

ランニングは持久力のトレーニングをする運動です。心臓や肺の機能を支える心肺持久力は、50代からはある程度の強度を与えていかないと、衰えが進みます。

したがって、この力を維持していくには一定の距離をこなしていかなければなりません。5分とか10分では持続力は得られず、効果的とされるのは20分から30分以上の持続的な運動です。

走るスピードは意識する必要はありませんが、目安としては、月間に80～100キロを目標に1日30分程度を持続的に走ります。それを持続することを考えれば、自然と自分が走る速さの目安が出てくるのではないでしょうか。

フィジカルな負傷だけでなく、走りすぎには別のデメリットもあります。

現状より少し高い目標を置くことはとても大切ですが、年齢が上がっていっても同じ考え方でいると、「失敗体験」を繰り返して自信喪失を起こすリスクがあります。

心がぽきんと折れてしまっては、何もなりません。適切な距離設定と、それを状況によっては下げる勇気を身につけて走りましょう。

月間200キロは危険ゾーン。80〜100キロをめざそう

Q24 痛みや違和感があったときのアイシングの取り入れ方と、関節をサポートするサポーターの使用法について教えてもらえますか？

アイシングはランニング中に違和感や痛みがあった場合、当然やったほうがいい効果的な措置であり、ランニング後のケアにもきわめて有効です。アスリートが競技中に捻挫や肉離れを起こしたと見られるときに行われる措置を、ＲＩＣＥと呼びます。

Ｒは安静（Rest）、Ｉは冷却（Icing）、Ｃは圧迫（Compression）、Ｅは挙上（Elevation）を示します。このうちのＩがいわゆるアイシングで、文字どおり氷を使って患部を冷やします。

ランニング中に足をひねったとき、氷嚢がなければ、食品保存用袋や２枚重ねたビニール袋に氷と少量の水を入れて痛みがある箇所に当ててください。

専門家のあいだでは、〝症状が出たら1秒でも早く冷やせ〟は定説です。アイシングと同時に動かさず（R）、患部をタオルなどで固定して（C）、椅子など高さのあるものにのせる（E）となおいいでしょう。

この四つの指標を頭に入れておくことは、ほかのスポーツでも役立ちます。

また、ランニング中にはコンビニなどのレジ袋を2枚以上、ロングラン用のバッグがある場合にはファスナーつきのフリーザーバッグを入れておくと素早い対応が可能になります。

適切な措置をすれば、痛みは翌日にはきれいになくなっていることさえあります。逆に放っておくと、死んでいく細胞の数がどんどん増えて低酸素障害が起こり、修復できなくなる恐れもあります。

アイシングによって、2次的な障害をふせぐことができるのです。

また、ランニングのあとには、損傷した細胞を少しずつ修復するペースをうながすために、筋肉を冷やすことも効果的です。

ふくらはぎ、もも周り、お尻など「張っているな」と感じる部分を、ビニール袋か氷嚢に入れた氷で20分ほど冷やしてあげましょう。文字どおりのクールダウンをすることで、翌日の疲れ具合がまったく違うはずです。

サポーターについては、筋肉の量が低下している、あるいは不足しているときに関節を安定させるという考え方には沿っていますが、そもそも一般の方々が手にする布製のサポーターの効能はさほど高くありません。

靭帯が損傷するような負傷を補いたい場合には、ブレースというワイヤーが入ったようなもので固定させなければなりませんが、布製の場合は強度が足りない場合が多いです。

専門メーカーと一緒にアスリート用の製品開発に携わったことがあるのですが、そのときの調査では、関節を十分に固定して安定させるためには、少なくとも70ヘクトパスカルくらいまでの強度で圧迫しなければならないことがわかっています。

みなさんが市販で手に取るような布製のものは、40ヘクトパスカル程度の強さしかありません。

あくまで応急措置として、また気持ち的に安心できるのであれば使っていけないわけではありませんが、効果を求めるのなら、市販品でもワイヤーが入った強度の高いものが必要です。

アイシングはマスト、サポーターは気持ちで

Q25 距離と時間を出すための正しいフォームとは？気にしなくていいという助言でしたが、本格的に走りたいとなると、どうしても気になります。

走り方に正解はないので、図解することにもあまり意味はないと思っています。実際に図をチェックしながら走ることはできないからです。

ただ、「姿勢を正しく」「前を見て」といった基本のほかに、いくつかのポイントを示すことはできます。

○小学生のときに経験したマーチ（行進）のように、一定のリズムを意識して走ること。つま先を進行方向に向かうように意識して走れば、きちんと足裏で路面をとらえる安定的なフォームが身につき、歩幅も定まります。

○腰の高さを一定に保つことを心がけましょう。ジャンプするかのように走ったり、フォームを安定させようと腰を落としたりせず、自然な動き方のなかで腰の位置を定めましょう。

○肩に力を入れずに、自然な位置に保ちましょう。トップ選手でも走行中に肩をほぐしている姿を見ますが、力んで肩が張っていると、腕の動きも不自然になり、呼吸もしづらくなります。

○視線は常に前方に保ちましょう。顎を少し引くくらいに意識するとちょうどいいかもしれません。下を向いて走ると、トップ選手でもフォームを崩す原因になります。

○こぶしは軽く握る。強く握ったり、逆に広げたりせず、いつもしているように自然なかたちで走りましょう。

○腕の動かし方に決まりはありませんが、**肘は90度程度に曲げて、腰の位置でリズミカルに前後に振ることを意識しましょう。**

○かかとからではなく、中足部で着地することを意識して走りましょう。

以上は、あくまで参考にしていただく程度のポイントですので、日常化していく過程でご自分が走りやすいフォームを習得していってください。

「最適なフォーム」とは、ランナーそれぞれに合ったフォームなのです。

「自然に」が基本。フォームは自分でつくろう

Q26 目標をもって走ったり、お気に入りの場所をゴールにしたり、長く続けるためのコース選びのコツはありますか？

心理学的な考え方でいえば、継続してランニングをするためには、「1」か「0」という選択肢だけでなく、チョイスとして「0・5」とか「0・3」も用意しておくことが大切です。

たとえば、「今日はこれからランニングに行こうとしていたけど、仕事で少し遅くなってしまったな」という場合。ランニングに使える時間は1時間弱で、普段10キロを走っている人からすると、少し足りないというときにどうするか。「やめよう」となるのが「0」回答ですが、それだと「走れなかったな」という軽い失敗体験につながってしまいます。ところが、このケースで

も1時間以内で戻ってこられるコースなど複数の用意があれば、「0・5」の答えを選ぶことができるわけです。

私自身も、自宅から走り出して少し行ったところに分かれ道があって、右に行けば12キロ、左に行けば5キロ弱という選択肢をもっています。

家を出るときに天気や気温、自分自身のコンディションによって決めようという選択の幅をもっているだけで、心持ちが違います。それがあるからとりあえず家を出発できて、結果的に「0」にはならないというわけです。

周回、あるいは往復でいうと、前者は途中でやめてしまうきっかけをつくることがあります。

継続性という点でいえば、「あそこまで行って戻ってこよう」というコース取りのほうがいいでしょう。行ったら帰ってこざるをえないからです。

こちらのチョイスにはご褒美化の側面もあって、目的地に何かあれば走る動機のプラスアルファにもなります。

とくにせっかちで合理的な人は、走ったうえに何かができたという一石二鳥を好む傾向があります。私の場合はカフェが好きなので、休みの日には新しいカフェを見つけてそこを目的に走ることも多いです。

ただ、気候が悪い梅雨の時期や、体調が優れない日が多いシニア年代の場合は、途中でやめる勇気をもつことができる周回コースがベターかもしれません。

コースは複数から選択し「0・5」も用意する

Q27 走るのは朝と夜はどちらがいいですか？　また、食べる前と後はどちらがいいですか？

私自身のことをいうと、深夜でもかまわないので、仕事を全部片づけてからでないと気持ちよく走れないという感覚があります。「仕事が残っている」と思うと、落ち着かないのです。

23時半でも24時でもいいので、「今日できることは終わった、〆切も残していない」という状態になって、初めて走ろうという気持ちになれます。

週末でも、「あの仕事を終えていないな」とか「あの返事をしていないな」という引っかかりがあると、気持ちよく走れません。このように、人によって気持ちよく走れるタイミングは違います。

朝に走ること、夕方および夜に走ることには、それぞれにメリットと

デメリットがあります。

まず朝ラン。自律神経に交感神経と副交感神経があることは睡眠効果の項で解説しましたが、夜、眠る前に走ると交感神経が高まって寝つきが悪くなるタイプは、朝走るほうが向いているということになります。

走るのは食べてからか、食べる前かという質問の答えにもなりますが、朝食前に走る場合は空腹状態なので、その時点で体の中にある体脂肪を燃焼しやすくなるため、ダイエットには有効ということになります。

他方、夕食をしっかりと食べて、ちゃんとデザートもとりたいという人にとっては、その高糖質の食事を体脂肪に変わる前にエネルギーとして使ってしまうという目的で、夕食後がいいということになります。

また、日中、デスクワークや立ちっぱなしの人は、浮腫やすくなるので脚の筋ポンプを動かし循環させるミルキングアクション（静脈環流）をうながすという意味で、夕方にランニングするとすっきりするでしょう。

仕事終わりに走るというのも効果的かもしれません。

朝ランは空腹時に走るので、エネルギーが足りないような気がするかと思いますが、少し補給したい場合はカンロ飴がおすすめです。

カンロ飴は水あめと食塩、砂糖、醤油しか入っていませんし、糖と塩を効果的にとれて、口の中に長く入れておけるのでいいと思います。

最近の飴には人工甘味料を使っているものも多く、良し悪しはともかく糖をとることができません。

カンロ飴のように、適度な砂糖を使っているものを選んでください。

チョコレートなど脂質が多いものは、エネルギーになるまでに時間がかかるので、おすすめしません。

また、夜間に体内の水分が排出されている状態ですから、朝ランの前に水分をとってから走ること。

さらに、1日の始まりで筋肉が硬くなっているので、いきなりスピードを上げずにウォーキングレベルから始めましょう。

ダイエットには朝晩とも有効
朝か夜かは性格と体質しだい

Q28 水分補給は走りだす前か、途中か、終了後か。どれがベストですか？

1キロや2キロ程度の走行距離では、基本的に水分補給は不要ですが、気温が高かったり長い距離を走ったりという場合には必要になります。

とくに、シニア年代の方は保水状態がよくないので、意識的に水分をとらなければなりません。

シニア年代が脱水になりやすいのは、体の中の保水能力に原因があります。**人間は赤ん坊のときには体の75パーセント近くが水分でできていますが、成人男性は70パーセントくらいになり、60代では40パーセント程度に低下していくからです。**

40代、50代で感じていた、「この程度の気温なら、このくらいの距離を走っても大丈夫」という基準をそのまま20年後に当てはめると、脱水症状を起こすのは当然のことなのです。保水ができていない体には、できるだけ水分を取り入れていかなければなりません。

注意してほしいのは、給水は「喉が渇いたな」と感じる前にとるべきものだということです。喉の渇きを感じるということは、すでに軽度の脱水症状を起こしているサインだからです。

水分をとっていないと血液内の水分量が減るので、血液の量が少なくなります。その状態で強度の高い運動をすると、少ない血液で体を動かさなければならず、心拍が速くなります。走っていてつらいとか、息が苦しく感じるというのは体力の問題ではなく、脱水症状を起こしているサインでもありえるのです。

人間が体を動かすときには、筋肉の収縮をうながす信号を送るために電解質を使っていますが、水だけをとっていると血中の電解質の割合が薄くなります。

サウナに入っている場合の水分補給は水でいいのですが、筋肉を動かして汗をかいているときには電解質の入ったスポーツドリンクが有効です。そうした

血糖値分解のタイミング

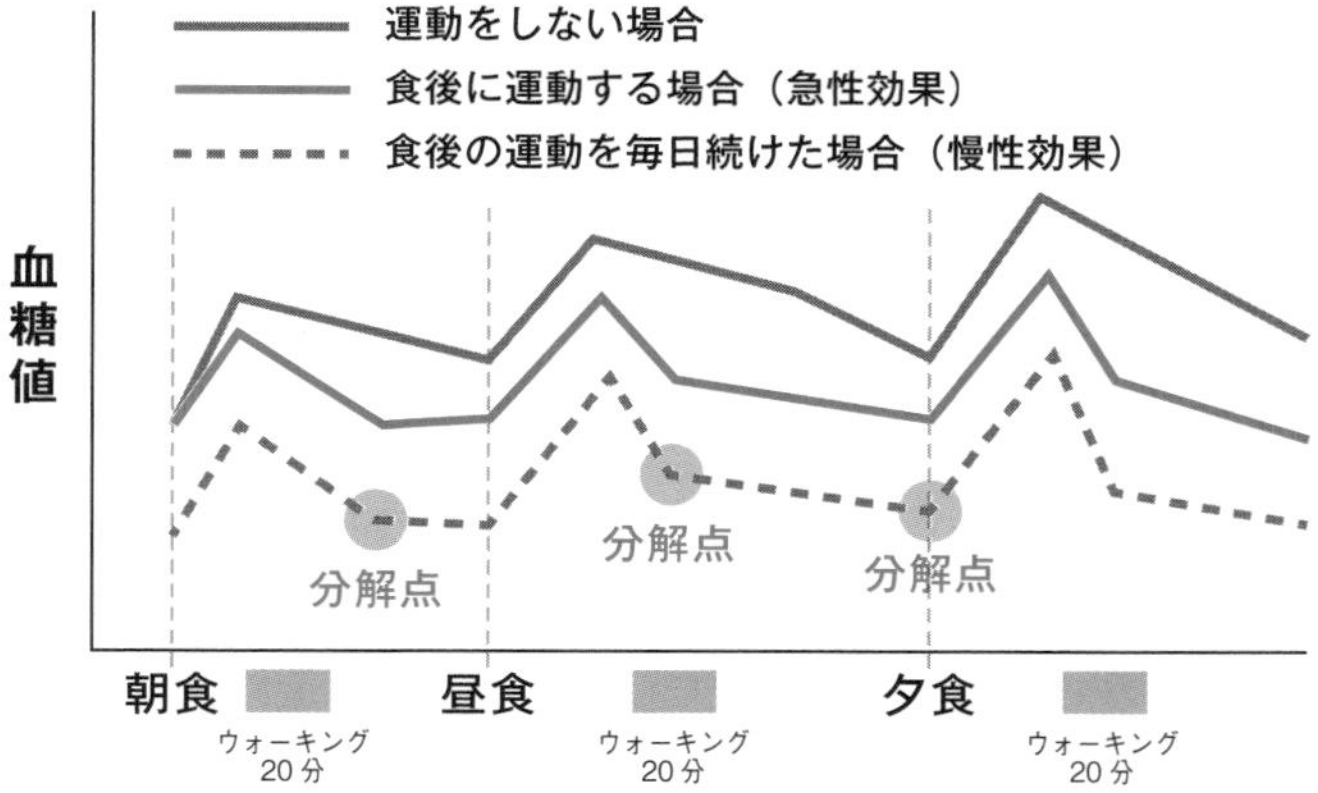

引用『医師に運動しなさいと言われたら最初に読む本』（日経 BP）
中野ジェームズ修一・田畑尚吾著　田畑氏提供データ）

状態で水分だけを摂取していくと、その摂取量分だけ電解質が薄まり、痙攣《けいれん》にもつながります。

水とスポーツドリンクをうまく活用して夏を乗り切りましょう。また、プロテインやエネルギーゼリーはあくまで栄養補助食品であり、主食を補うという位置づけのものです。

タンパク質は1回の食事で30グラム以上をとると、吸収できずに排泄されてしまいます。

普通の和定食でだいたい20〜25グラムくらいが含まれている

ところに、プロテインを飲んだとすると、全部で40グラムくらいになり、そのうち10グラムくらいは吸収されずにムダになることになります。

ただ、右ページの図を見ていただくと、血糖値は食後3時間で分解モードに入ることがわかります。朝食のあとの山のピークは食後1時間から90分程度で、そこから山を下りてくるタイミングが食後3時間です。

このタイミングで走ると筋肉は減っていきますので、そこで初めて補食が必要になってきます。そのタイミングでエネルギーゼリーをとるのは正解です。

水とスポーツドリンクを適切に。補食は食後3時間で

Q29 春から夏はかなり汗をかいて走ることになりますが、熱中症を防ぐためにどんなところに気をつければいいですか？

熱中症の原因は、体温調節ができなくなることにあります。体温調節を司るのが自律神経で、暑くなったら体温を下げるという行為が、年齢が上がるとうまく機能しなくなるのです。

自律神経をきちんと働かせるためには、適度な運動が必要なので、ランニングをすることでその機能を保ち、暑さにも強くなるという理屈になります。

ただ、その前にランニングで熱中症になっては元も子もありません。

まず、暑くなってくるとランニングで起きうるのは、前項でもふれた脱水症状です。直射日光を浴びないようにキャップをかぶる、ウエアも通気性が高いものを選ぶなど、若いランナーに比べてより注意が必要でしょう。

あとはこまめに汗を拭くことです。毛穴に水分があるままだと次の水分が出にくくなって、体温調節を妨げることになるからです。

食事も大事です。一般に糖質1グラムに対して3グラムの水分が吸着しますが、**きちんとご飯を食べていない人は脱水症状を起こしやすいので、暑い夏ほどきちんと食事を摂るように意識しましょう。**

走っていてクラっとくるような感覚を覚えると、「暑いせいかな」とか「熱中症かな」と思うかもしれません。

しかし、立ちくらみやめまいがするという現象には疾病が隠れている可能性が高いので、軽く考えずに病院にかかることをおすすめします。

また、夏に運動を始めると、貧血の症状を起こしやすくなるという点にも注意が必要です。

アスリートもそうですが、夏場に、食欲が落ちて十分な栄養がとれていない状態で汗を大量にかくと、鉄分が不足して貧血になりやすいのです。

貧血になると、体が「なんとなくだるい」「しんどくてやる気が出ない」という状態になります。そのようなコンディションでは、「走ろう」という気持ちにはなかなかなれません。なんとなく体が重くてしんどくなったら、貧血を疑ってみましょう。

貧血の予防には、動物性なら赤い肉や赤い魚、たとえばレバーや鮭などが有効です。植物性なら小松菜やホウレン草、また病院で処方される鉄剤で補うのもいいかと思います。

汗拭きはひんぱんに。夏は貧血にも注意を

Q30

昔から、友人や家族には「タイプAだね」とよく言われます。まだまだ体力に自信があるとはいえ、がんばりすぎてしまう自分にふさわしい目標設定の仕方はありますか？

アメリカでは人の性格をA、Bのタイプに大きく分類することがよくあります。このうち「タイプA」という分け方をされる人たちは、目標設定を高く設けがちです。ハードルをある程度高く設定しても乗り越えてきた自分を知っているので、高くてもこなせると習慣的に思ってしまうからです。

このような人は、「太ってきたな」という実感を、「毎日10キロ走ろう」というかなりハードな目標にダイレクトにつなげて、実際にそれをこなそうと努力します。

ただ、ここでクリアするべき目標を高く設定してしまうと、失敗体験につながる恐れがあります。それを繰り返すと自己肯定感が下がっていきます。

かといって、ハードルが低すぎると達成感が物足りなくなるので、「適切」というのが、また難しいのです。達成感が低いと、継続性につながらないからです。

解決方法としては、「できるか、できないか」の微妙なラインに目標を置いておくことではないでしょうか。感覚的には50パーセントくらいです。

たとえば、「5キロは毎日走れる。10キロはがんばればいけそうだが、毎日はどうだろう」と判断がつかない場合は、7キロから8キロに当面の目標を置いてみます。

その目標に向けて1週間続けてこなせたなら、その目標はそもそも50パーセントではなかったということになります。その場合は目標を上げます。

実際にやってみると、1週間のうち半分も走りきれなかった——。その場合も50パーセントではなかったことになるので、目標を下げて考えることになります。

1か100ではなく、その繰り返しで少しずつ前進していくのも現実的です。「目標を決めたらやりきる」という意志の強さはすばらしいと思いますが、50代からシニアに向かう年代になればなるほど、目標は体と相談しながら立てるべきです。

固定的に考えずに、自分の〝50パーセント〟を見つけるために、1週間単位で目標を柔軟に考えてはどうでしょうか。

「0か100」でなく目標は体と相談する

第6章

1日でも長く走るための秘訣とは

Q31 「今日はスピードを上げてみよう」とか、「今日はゆっくり長く走ろう」という日々の目標は必要ですか？

マラソンは基本的にはＬＳＤ、ロング・スロー・ディスタンスの略で、長い時間をかけてゆっくりと長い距離を走ること。一般に、軽度のジョギング程度のスピードが望ましいとされるものなので、ゆっくり長く走るということに主眼を置いていいと思います。

長い距離をゆっくりと走ることによって心拍数が安定し、フォームを整えられ、筋肉を鍛えられるのがＬＳＤなので、まずは「長い距離をゆっくりと」を基本にしてください。

では、どれくらいの距離と速度がふさわしいかとよく聞かれますが、どこからがLで、どの程度の速さがSで、どれくらい長く走ればDなのかに基準はありません。

基本的には、ゆっくり長く走ることが距離につながるという理屈なので、自分で心地よく、無理に感じない速さで、無理のない所要時間で、無理のない距離を走るということでよいかと思います。

スピードトレーニングは、レースでタイムを狙うようなランナーに必要なものであり、ファンランのレベルでは必要ありません。

一定の距離を一定のスピードで走る運動は心拍数が最大に近づく、いわゆるきついレベルのものですから、嫌気がさしてしまう危険があります。

どうしてもスピードにこだわりたいのであれば、コースで走っているあいだに、「自分より少しハイペースなランナー」を見つけることもオススメです。そのランナーを、自分の中のペースメーカーに見立てて、追走してみるのもよいでしょう。

ちょっとキツいことをやろうとすると、自分に負けてしまう、がんばれない。
そんな方にはレベルアップのきっかけになりおすすめです。
刺激にもなりますし、いい練習になります。

基本はLSDでOK。
個人的ペースメーカーをみつけよう

Q32 ただ距離や速さを測るだけではなくて、心拍数も運動効果に大きな関係があると聞きました。スマートウォッチの効果的な使い方は？

第2章の冒頭で、やせるために適正に脂肪を燃焼するにはゆるすぎず、きつすぎず、「ややきつい」程度をめざそうと提案しました。さらに、第3章で紹介した「主観的運動強度」を客観的に裏付けるためには、心拍計機能を搭載した「アップルウォッチ」などのスマートウォッチが有効です。

スマホをウエアのポケットやポーチに入れて走っている人も多いと思いますが、スマホだけでは心拍数を計測できません。次のページの図にあるとおり、もっとも効率よく体脂肪を燃焼できるゾーンは、最大心拍数に対するパーセンテージから割り出します。

２２０から年齢および起床時などに測る安静時心拍数を引いた数値に目標運動強度をかけて、さらに安静時心拍数を足した数字が「目標心拍数」（ターゲットハートレート）になります。このゾーンが、もっとも効果的に脂肪を燃焼できると言われる「中程度の負荷」を示しています。

安静時心拍数が75の60歳男性の場合は、１２０〜１４０がゾーンになります。スマートウォッチの心拍数が１２９を示すときに、自分はキロ何分で走っているか。１４３の場合はどうか。

そのあいだの数字が、もっとも効率的に脂肪を燃焼できるスピードということになります。図と数式から、みなさんのめざすべき目標心拍数を出して、スマートウォッチでチェックしながら走りましょう。

客観的なデータがないとどうなるでしょうか。運動経験が少ない方が、少し走って「死にそう」と思われるくらいのきつさを感じるときにも、実際には心拍数が50パーセントにも届いていないということが起こります。そうした主観と客観的なデータのずれをウォッチで知ることができて、より効果的な運動成

客観的観測のための心拍数に基づくやせるゾーン

	y65	y75	y85
50歳	122 ～ 146	126 ～ 148	130 ～ 150
55歳	119 ～ 142	123 ～ 144	127 ～ 146
60歳	116 ～ 138	120 ～ 140	124 ～ 142
65歳	113 ～ 134	117 ～ 136	121 ～ 138
70歳	110 ～ 130	114 ～ 132	118 ～ 134
75歳	107 ～ 126	111 ～ 128	115 ～ 130

(220 − 年齢 − 安静時心拍数 y) × 0.6 ～ 0.8 + y = x

220から年齢と安静時心拍数（起床時にスマートウォッチで計測した数値）に目標運動強度をかけて、そこに安静時心拍数を足して出した心拍数が、目標心拍数。強度を60％から80％にしたゾーンが最も脂肪を燃焼できるので、そこがその人の「やせるゾーン」と言うことができる。

「カルボーネン法」にもとづき作成

果を得られるわけです。とくに、ダイエット目的で走ろうという方には、「なぜやせるのか」という理解を可視化して深められるので、おすすめといえます。

心拍計の重要性について説明すると、「自分はトップアスリートではないから」と言う人がいますが、それは考え方が逆です。トップアスリートは経験上、自分の心拍を把握できますが、一般の方ほどわからないものだからです。

とくに、50代からシニアの方については、年齢が上がれば上がるほど、心拍数の管理は安全面で重要になります。「今日は少し動悸が早いな」とか「心拍に乱れがありそうだな」という感覚に基づく判断を客観視できるので、その意味でも有効です。

客観情報を得られるスマートウォッチの活用を

Q33 知り合いのランナーが、「厚底を履いてサブ4を達成できた」と話していました。厚底シューズは必要ですか？

まずいえるのは、カーボンプレート入りの厚底シューズはいつも履けばいいものではなく、ケースバイケースで用いるものだということです。

たしかにスピードアップには効果的ですが、使い方によってはケガにつながるので注意が必要です。

いわゆる厚底シューズが市場に登場したのは2017年ごろで、まだ歴史は新しいものですが、私が担当している青山学院大学の駅伝チームでも、股関節や筋肉の故障が増えていきました。

そこで、2020年には厚底用の動きづくりに加えて、筋力トレーニングも

「厚底仕様」に変更しています（くわしくは拙著『青トレ2・0 厚トレ 青学駅伝チームが実践する厚底シューズ対応トレーニング』徳間書店をご参照ください）。

慣れていない厚底を履くと、どうしても高重心になって体が不安定なまま走り続けることになるので、関接に負担がかかって股関節周辺の疲労骨接を起こしやすくなります。

レースのときには厚底を使用することで、パフォーマンスアップにつながるので、使用してもいいと思います。しかし、普段の練習に高頻度で使い続けることは控えましょう。とくに高重心なのでキツい練習や、凸凹したコースでは体がさらにブレやすくなり、間接に負担がかかります。厚底ではないシューズも使い、使い分けることをオススメします。

私自身は、3種類のシューズを状況によって履き分けています。普通のランニングシューズ、中程度の厚底と、厚底シューズです。

1足目はウォーキングでも使えるくらいにフィット感がよく、圧迫感もないので快適です。

2足目はシューズの前方に傾斜がついていて、前足に乗れるようなミドルモデル。

3足目はあまり時間がないなかでフラットなコースをスピードを上げて走るときに選ぶようにしています。

たとえば、フラットなコースを飛ばすことができる東京・神宮外苑を走るときには厚底で、ある程度距離があって行き帰りにアップダウンがある場合は中程度の厚底といった具合に使い分けています。

高重心になる厚底は賢く使い分ける

Q34 早朝ランと夜間ランの注意点はありますか？

早朝ランで朝日を浴びて走るのは、1日の始まりとして、気分が上がるものです。体全体にビタミンDをため込むという意味では、日差しを適度に浴びて走るのは良いことです。ただ、私たちの体で唯一むき出しになっている臓器といわれるのが目です。直接、紫外線を受けることでビタミンCが破壊され、免疫力の低下にもつながります。

ランニング中には、スポーツ用のサングラスをかけたほうがいいでしょう。紫外線をカットできれば街使いのものでもかまいませんが、ぐらつきや重量などを考えると、ランニング用につくられたスポーツサングラスを選ぶことをおすすめします。

最近、夜間に自転車がトラックにぶつけられたというニュースを耳にしました。交通量の多いコースでのランニングは、とくに気を使いながら安全に走り続けたいものです。ドライバー側からは、「自転車などに比べて意外と認識できない」という声も聞きます。リフレクターつきのウエアを着用し、車に存在を認識してもらうことがまず大切です。

年代が上がってくると、ウエアも「あまり派手なものは」と敬遠しがちですが、夜間ランは目立つことが第一なので、色使いが明るいものを選びましょう。シューズも最近はビビッドカラーのものがあったり、派手になったりしてきていますから、選んでいても楽しくなってきそうです。

また、夜間は、昼間に比べて転倒の恐れが高まります。加齢とともに視力が落ちてくるので、不整地なコースは十分に気をつけてください。ランナーに走りやすいと人気の皇居ランニングコースでも、アスファルトが木の根っこで隆起していたりする箇所があります。

走り方にも注意が必要です。幹線道路には歩道がありますが、危険なのが街灯があまりない一般道路です。道路の端は排水効果を上げるために傾斜がついて下がっていることが多く、走りにくいので、ランナーは自然と道の中央のほうにコース取りをしがちです。

また、車道と路側帯を分ける白線の上は滑りやすいので、そこからまた中央に寄ってしまう。どんどん車に近づいていくので、危険度が上がります。

さらに、運動中の心臓疾患による突然死の危険度も、若い年代に比べて高まります。とくに夜間は完全に孤立するコースではなく、皇居周辺のように交番と人目があるエリアを選ぶように心がけてください。

朝日にはサングラスを、夜間はコース選びに注意

Q35 走ったあとのお風呂とビールが楽しみです。ランニング後の入浴は体にもいいと聞きますが、本当でしょうか？

季節にもよりますが、ランニングによる疲労の回復に加え、夜であれば入眠作用を考えると、入浴はオススメです。

浴槽につかることには温熱作用、静水圧作用、浮力作用の三つの効果があり、これはシャワーでは得られないものです。浴槽に入ると血流がよくなるため、入浴後に静的なストレッチをするとさらに効果が増します。

また、水風呂でアイシングをすることや、水風呂を使った交代浴もおすすめです。水とお湯を1対2くらいの割合で、たとえば水1分に対してお湯2分などを繰り返すことで、循環をうながして疲労の軽減につなげていきます。強い疲労を感じた日には試してみるとよいでしょう。

ただ、汗をかいて血管の中の水分量が減っている状態で入浴をすると、水分がさらに失われて脱水状態になることもありますので、サウナは気をつけたほうがいいと思います。そもそも汗を過剰に出すと体に負担がかかるので、ダイエットには逆効果という側面があります。

いずれにしろ、入浴中は自分で考えている以上に発汗していますから、一口ずつ、こまめに水分補給をしましょう。

入浴には三つの効果あり。サウナは注意が必要

Q36 走る前のウォーミングアップと、ランニング後のストレッチの考え方は？

走る前は動的な運動、走り終わったあとは静的なストレッチをというのが私の考え方の基本です。

まず運動前は、文字どおり「ウォーム」して「アップ」することが重要です。筋肉を動かすことによって筋肉そのものの温度が上がって、動きがスムーズになり、関節を動かすことによって関節液が出て動きが滑らかになります。

また、体を動かすことによって心臓の働きがうながされ、循環する血液量が増えていきます。少ない血液量のままだと、小さなエンジンで体を激しく動かさなければなりません。走り始めはゆっくり、徐々にスピードを上げていくようにすると、主運動に必要な血液量が徐々に確保され、心拍数が下がってくるという現象が起こるのです。

したがって、走る前に静的ストレッチをするのではなく、軽いウォーキングから入るとか、ジョギングからスタートすることが理にかなっているといえます。

一般の方が5キロ程度を走るのに、「30分の動的ストレッチをしましょう」というとかえって敬遠されるのは、第4章で書いたとおりです。

ここでは、10キロを目標に日常的に走るランナーを対象に提案をします。

それ以下で軽く走る程度のメニューであれば、走り始めは次の信号までジョギングをし、そこから通常にスピードを上げていくというやり方で十分にウォームアップになります。

若い20代、30代に比べると、体が温まるスピード自体も低下しているし、動くことで補える血液量も減っています。

若いころはいきなり走り始めても平気だったかもしれませんが、年齢を重ねていくほど、準備運動に対する意識を強くもっていただきたいのです。

いきなり走り始めるのも危険ですが、見過ごされがちなのが、ランニングの終了時です。急に足を止めないでください。心拍数が高い状態でいきなり足を止めてしまうのは危険です。

走っているあいだは、「第2の心臓」といわれる筋肉と心臓の両方で血液と体液を循環させています。急に足を止めると、筋肉のほうのポンプが止まり、心臓だけで大量の血液を循環させなければならないので、心臓に大きな負担がかかるのです。

スマートウォッチに表示される心拍数が、おおよそ100程度まで下がるまでは足を止めないようにしてください。ゴールである自宅の前までペースを落とさずに走りきるのではなく、その少し前から速度を遅くしたり、ゆっくり歩いたりという終わり方がおすすめです。

ランニングを終えたあとは、筋肉の収縮状態、いわばアイドリングが続く状態になります。そこで、収縮に向かう筋肉を伸長させてアイドリングを止めてあげなくてはなりません。

あとは筋肉が硬くなることによって柔軟性低下を予防したり、筋肉の修復を早めることが、ランニング後のストレッチの狙いです。メニューについては、第9章にイラスト付きで紹介しています。

アイシングとストレッチについては、一部反対の提言をされている方がいます。何人かの先生や研究者の発言にしたがって、「真逆」の論法が世に出ているのです。もちろん、人間の体は全員が同じではないので、被験者のなかから私の意見とは合わないデータが出るということを否定はしません。

ただ、アイシングの有効性についても、運動前の動的なウォームアップについても、定説になっていることは強調しておきます。

走る前には動的ストレッチ ラン後には静的ストレッチ

Q37 年齢を重ねると、とくに激しい運動をしたあとに食欲が湧かないことも多くなります。長く走るための食事とは何でしょうか？

第3章で紹介したとおり、和定食を3食食べることが量的にもバランス的にも最適ですが、一定の距離を走るランニングのあとは、年齢によらず、逆に食が細くなる人も少なくありません。

ただ、年齢を重ねるとただでさえ食事量が減るので、そんな場合は定食の品数を工夫することをおすすめします。

次のページの図を見てください。朝昼晩の和定食でごはんを180グラムとした場合、合計でおおよそ1900キロカロリー。とくに運動をしない方でも、成人男性であれば最低限、これくらいは食べなければ足りないことになります。

タンパク質量に限っても、体重1キロに対して1グラム程度は必要という計算で、運動している方であれば、1・2〜1・8グラムくらいが目安です。図の3食でタンパク質は計73グラムくらいですから、体重70キログラムで運動していない方には十分ですが、運動をしている方にとっては足りません。

では、タンパク質をどうやって増やすのかといえば、量が必要ということになります。

野菜の量は341グラムです。厚生労働省が摂取目標量としているのが350グラムなので、図の3食でほぼカバーできています。

50代からシニア世代は、とにかく野菜をとらなければという意識が強く、サラダを大量に口にする方が多いのですが、このような定食をきちんと食べれば十分に足りているということです。野菜をさらに増やそうとすると、今度はタンパク質と糖質が足りないということが起こってしまいます。

そうした前提で、「運動の直後は食べられない」という場合にはどうしたらいいでしょうか。

理想的なバランスと量

	朝	昼	夜
エネルギー（kcal）	524	505	883
タンパク質（g）	29.6	19.1	24.2
脂質（g）	13.7	8.5	47.8
炭水化物（g）	69.7	85.8	83.1
糖質（g）	63.2	79.1	76.2
野菜量（g）	100	85	156
白米量（g）	180	180	180

引用画像：大戸屋 提供

品数を減らした食事例

●ごはん　ゆかり
●具沢山味噌汁
（大根 人参 焼き茄子 新玉ねぎ うずら卵）
●納豆　青のり

●ごはん　ゆかり
●具沢山麻婆豆腐
（豆腐 豚肉 長ネギしいたけ にんにく しょうが）
●納豆　青のり

作成・撮影：安西仁美（管理栄養士）

栄養士さんと相談して出した答えが上の図で、カロリーも食材の量も一緒で品数を少なく見せるという工夫をしたものです。

副菜のものを汁物に入れ、品数を4品から3品にすることで、各段に口にしやすくなるのです。

品数が多いほうが豪華に見えますが、激しい運動のあとは逆効果になります。

私自身も週に1回、具沢山の汁物を大きな鍋いっぱい作り置きをするのですが、そこに一品だけ添えればOKになります。

バランスがよく、長く走るためのスタミナも蓄えられる。シニア世代のランニングをサポートする理想の食事といえます。

食が細くなりがちならば品数を工夫しよう

Q38 目安の10キロを走れるようになりました。では、ここからは距離なのか、スピードなのか、レースなのか？　次の目標の立て方は？

これまで私が本で書いたり、講演などでお話ししたりした内容でいえば、10キロをクリアしたら、次はハーフマラソンをめざしたり、目標ラップを決めたりという段階に進んでいくわけです。しかし、60歳前後からシニアの方々に対するアドバイスとなると、考え方が違ってくると感じています。

この本でも繰り返し強調してきたとおり、同じ50代、60代でもそれまでのランニング歴や目標、そして個別の体力の違いがあるという前提でお読みください。

そもそも、10キロ以上走ることがいいことなのでしょうか。

健康の観点や最低限の運動量と質を確保するという考え方でいえば、10キロで十分です。もっといえば十分すぎるほどで、この本を読んで一からランニングを始めて10キロ走れるようになったら、それがまず素晴らしいことなのです。

だとすれば、10キロを走ることができた自分を、あと1年、2年と延ばしていくことも価値があることではないでしょうか。

10キロの次は15キロ、次はハーフ、そしてさらにその先へ、という目標設定は悪いことではありません。でも、50代から70代のランナーであるなら、10キロを5年後でも10年後でも走れることに価値があるし、大切だと思うのです。

仮に、50代で30キロを走ることができているとします。でも、20年後の70代で30キロ走るのは相当難しくなります。そこで「走れなくなった」自分を知ることでそれ自体が「老い」であることを強く実感してしまうでしょう。

70代で10キロを走れることのほうがすごいと思いませんか。10キロであれば、レースや大会も存在するのでその都度の目標設定も可能ですし、10キロを走れれば、ハーフマラソンもだいたい走ることができます。人それぞれの目標設定の考え方かもしれませんが、仕事と同じように、ランニングにもどこかで〝定年〟がやってきます。それは70代かもしれないし、80代かもしれません。

「ランニング定年」を心身の負傷で迎えないために、距離やスピードにこだわる設定を一度やめてみるのも選択の一つです。

○10キロをこれまでより速く走ることができる。
○心拍数を上げずに、息を上げずに走ることができる。
○足がつらずに走ることができる。

そんな自分を目標にして、できるだけ長い年月にわたって10キロを走れる体を維持するのです。

また、見た目の変化でいえば、正しいフォームで走り続けるとお尻の形がよくなるので、ヒップアップ度を上げませんか。「お尻が引き締ったね」というほめ言葉をかけられるかもしれません。

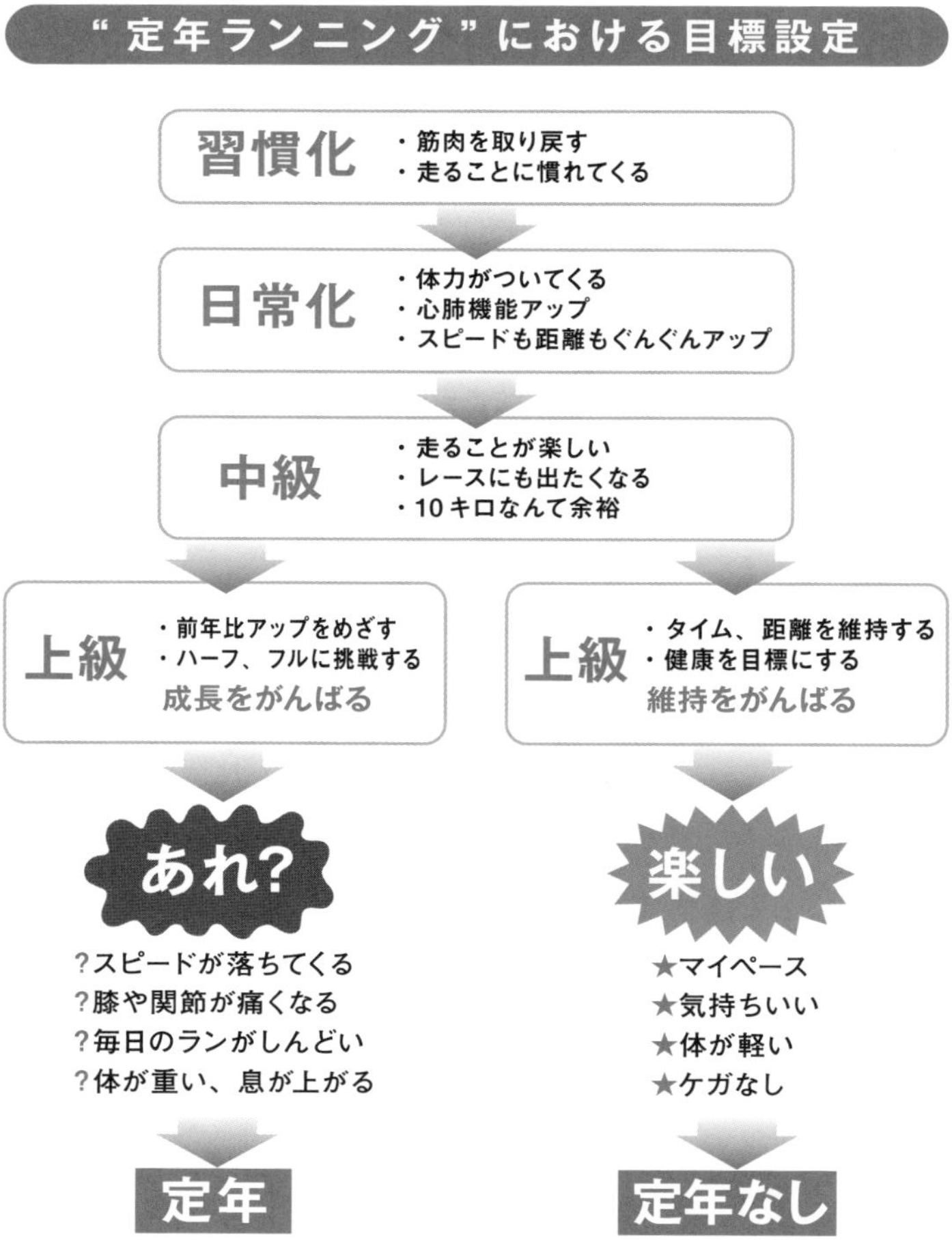
“定年ランニング”における目標設定
習慣化
・筋肉を取り戻す
・走ることに慣れてくる
日常化
・体力がついてくる
・心肺機能アップ
・スピードも距離もぐんぐんアップ
中級
・走ることが楽しい
・レースにも出たくなる
・10キロなんて余裕
上級
・前年比アップをめざす
・ハーフ、フルに挑戦する
成長をがんばる
上級
・タイム、距離を維持する
・健康を目標にする
維持をがんばる
あれ?
?スピードが落ちてくる
?膝や関節が痛くなる
?毎日のランがしんどい
?体が重い、息が上がる
定年
楽しい
★マイペース
★気持ちいい
★体が軽い
★ケガなし
定年なし

元オリンピック女子マラソン代表の増田明美さんに、「中野クン、私、毎日10キロ走っているのよ」と言われたことがあります。日本のトップランナーだった増田さんにとって、10キロは文字どおり朝飯前だと思いますが、１９６４年生まれという年齢を考えれば、毎日続けられるのはすごいことです。増田さんもそんな実感をもたれているからの発言だったと思います。

80歳や90歳で10キロ走っていたら、格好いいと思いませんか。しかも、イベントではなく毎日の生活習慣のなかでそれができれば、尊いことです。

10キロを走っていれば、カロリーの高いものでも消費できるし、旅行に行っても自分の足で軽やかに歩けます。つまり、人生の楽しみが継続するわけです。

10キロをキープでも年齢を考えれば成長

Q39 目標設定については理解しました。長く健康に走ることの秘訣はほかにありますか?

なぞかけのようですが、長く走るには〝走らない〟ことも一つのポイントです。休息の必要性のほかに、もう一つ意味合いがあります。

一つの種目を持続することは精神的な安定や自信をもたらし、意義深いことではあります。ただ、体全体の健康維持を考えた場合、特定の運動だけを続けることが正解というわけではありません。

ウォーキングやランニングは有酸素運動の身近な代表選手ですが、体中の筋肉を維持するためには筋トレも必要だからです。

そこでよくいわれるのが、「クロストレーニング」のすすめです。ランニング、筋トレ、ヨガ、水泳などを組み合わせて、バランスよく運動をしていきませんか。

筋トレ、ランニング、そして筋肉が硬くなっているならストレッチ、さらに、ときにはヨガなど精神修養のようなものを取り入れることは、リフレッシュにもなります。

年齢が上がれば上がるほど時間に余裕ができると思うので、いろいろなことに挑戦してみましょう。それが、走り続けて壁に当たったときの手当にもなるのです。

月曜はウォーキング、火曜はスイミング、水曜はテニスをやっている70代の女性を知っていますが、すごく楽しそうで、はつらつとしています。

高齢者の方がトレッキングや山登りをするのは、とても素晴らしいことだと思います。しかし、習慣化された運動ではなく、月に1回程度のイベントならば筋肉量を増やすなどの健康効果はさほど期待できません。その山登りがいつまでもできるようにするために、普段から筋トレやランニング、ストレッチなどに励んでいただけたらと思っています。

長く走るためには走らない選択も大切

運動は頻度が命です。ランニングのほかに、週に1回か2回、継続してできることはないかを考えてみましょう。

70代や80代で、特殊な技術的習得が必要な競技を始めるのはしんどいことです。ランニングのほかの楽しみ、興味があることを60代までに見つけておくことも、大切といえるのではないでしょうか。

ランニングをほかの運動のサイクルのなかに置くことが、結果的に、長く折れずに走り続けることにつながるはずです。

第7章

記録やレースに挑戦したくなったら

Q40 10キロを走ることができるようになり、より高いハードルに挑みたくなり、次はハーフマラソンに出たいのですが、難しいでしょうか？

挑戦することは良いことだと思います。

ただし、「ハーフマラソンに出場するからには絶対に走破して目標のタイムをクリアする」、といったような固定的な考えで臨むのはやめたほうがいいかと思います。

目標タイムに届かなかった場合に失敗体験になり、走ることが嫌になってしまう恐れもあるからです。

ほとんどの大会にはゴール時間の「足切り」があります。たとえば「ハーフマラソン3時間30分」だったら、その時間以内にゴールをしなければならないという決まりです。

この足切りタイムが意外と見過ごされがちですので、まず、自分のペースを考えて足切りにならない大会を選びましょう。

とはいえ、レースを走りきることだけがマラソンではありません。大会当日はそうしたプレッシャーから脱して走りたいものです。

テレビ中継があるエリートマラソンは上位の攻防しか映りません。そのため、全員が走りきっているように錯覚するかもしれませんが、一般参加の全員がゴールテープを切っているわけではないのです。

カジュアルな大会であれば、ほとんどの人が歩いてゴールをしているものもあります。歩くのはいけないことではないし、ルール違反でもありません。

その前提で、将来的にフルマラソンの大会に出たいという意欲をおもちの方にとって、一度ハーフのレースに出てみるのはいいことです。

大会は、普段ロードを一人で走っているのとは勝手が違います。走りながら見える光景も違うので、自分のペースをくずさずに走ることがまず難しいかもしれません。

リハーサルのような気持ちで気軽に参加してみてください。

リハーサル気分でハーフマラソンも。歩くのもリタイアもあり

Q41 ハーフマラソンの大会を何度か経験して、次はいよいよフルマラソンに挑戦したいと思います。レース選びのポイントは？

20代に比べると経済的な余裕も出てくると思いますので、旅行をかねてというのも気分が変わって盛り上がると思います。以前から行きたかった土地を訪ねる旅行とパックにしてレースに出るというだけで、楽しみも増えるのではないでしょうか。

「平常心で」という方には、地元のコースなど、よく知っている土地でのレースもいいと思います。

都内にも多いのですが、河川敷で行われる大会もたくさんあります。風景の抜け感もいいし、コースも比較的走りやすいことが多いのですが、少し注意しておきたいのが、川沿いは風が強い日が多いことです。体力に自信がある人はさほど気になりませんが、風の抵抗はかなり強いことがあるので、思いのほか走れなかったりするケースもあります。

また、コースが平坦で走りやすい反面、ずっと景色が一定なので、どうしても「つまらなさ」があり、風が強い状況なども合わさると、自分のイメージ通りの走りができないということもあります。

コース設定がワンウェイなのか、往復なのか、周回なのかという違いもあります。

周回は決められた同じコースをぐるぐると走りますが、途中でリタイアしやすいメリットもあるので、大会ビギナーには向いているかもしれません。

周回でないと、途中で棄権した場合にゴールまでどう移動するのかという不安要素もあります。

ただ、普段のランニングでも同じことがいえますが、周回には「あきらめるきっかけ」をつくってしまうという逆の面もあります。

それぞれに良し悪しがありますので、大会の経験者に話を聞くほか、参加者が感想や振り返りを記したレビューをチェックしながら選ぶことをおすすめします。

旅先でも近場でもOK
川沿いは風に注意

Q42 初レースは楽しみと同時に、不安要素も多いです。初レースを乗り切るための工夫は？

大会でがんばるために、家族や知り合いの協力を仰ぐのもいいかもしれません。何人かに声をかけて数カ所に立っていてもらうのです。すると、中間の目標ができて励みになるため、きつく感じるところが軽減される効果があります。ハーフではそれほどの効果はないかもしれませんが、行く先の長いフルマラソンであれば、このやり方は侮れません。歩いているのを見られたくないなという意識も働くでしょう。

大会によってはペースメーカーを置いているものもありますが、ペースメーカーはあくまでタイム更新を狙っている人向けのものなので、走りきることを目標にしている参加者は、とくに意識する必要はありません。

意識すると、逆にペースが狂って体力を失い、走りきれるところを断念しなければならない恐れもあります。それならば、自分と同じか、ほんの少し速いランナーを見つけて、その人についていくというやり方がベターです。

自分一人での戦いだと甘えも出てきてしまうので、一つのマーキングとして「この人からは離れないようにしよう」という目印にもなりますし、レース中は風の影響を意外と受けますが、風よけにもなってくれます。

その人がスピードを上げてついていけなくなったら、次の人を見つけてやり直せばいいことです。勝手に自分のなかで競争相手をみつけることで、自分自身のペースをつくってレースをしてください。

知り合いに協力を。追う人を見つけよう

Q43 明日に迫った初めてのフルマラソン大会。レース前日や前夜の過ごし方はどうすればいいですか？

トップアスリートも同じですが、普段どおりに過ごしてください。

食べなれないものを口にしない、タンパク質や糖質の過剰摂取をしない、生ものを食べすぎないほか、特別なことや変わったことをしないということに尽きます。摂取量も気持ち多めくらいにとどめるべきで、タンパク質や糖質をたくさんを摂取しようというカーボローディングも必要ありません。パスタだったら麺を普段よりも少しだけ量を増やす程度でしょうか。

あとは、当日に一気に水分補給をしても吸収には限度がありますので、前日から少しずつ補給していくことが大事です。

よく聞かれるのが、前の日に走るべきかどうかです。走ってもいいと思いますが、それも通常どおりでＯＫです。仕事が忙しくて十分な準備ができなかったという罪悪感から、いつもより長めに走って帳尻を合わせようとする人がいますが、前日に走り込んでも何も変わりません。前日のランニングのテーマは、レースでのペースの感覚をつかんでおくことに置いてください。

大会前日は普段どおりに。ペースは体で確認して

大会になると多くの人がいっせいに周囲を走っていくので風景が異なり、実際よりスピードが上がっているように見えて焦りにつながる場合があります。それを避けるためにも、自分がいちばん気持ちよく無理なく走ることができるラップ、つまりレースで設定するべきスピードを前日にもう一度、体でつかんでおきましょう。

Q44 アプリで知り合いとつながり、記録やデータを共有している方も多いようです。アプリの効果的な使い方は？

ランニングアプリを使った管理や交流は非常に便利で、モチベーション向上のために有効だと思います。

知り合いと情報をシェアすることで自分自身の励みや自信になりますし、ランニングアプリでタイムを設定して、仮想の相手とレースをするメニューもあります。

アプリ上でチームを組んで競い合うなどの趣向も、リアルな交流や人付き合いがちょっと苦手、というランナーの方には合っているかもしれません。

ただ、ランニングの競争相手、いわゆるライバルはあくまで自分自身です。

ひと月の目標距離をアプリで設定して走っていて、少し高めに設定したその距離に届かないと悔しいし、もどかしく感じることがある方も多いと思います。設定をした自分に負けた気がするからです。

さらに負けたくないのは、「去年の自分」です。

アプリには毎年、月ごとのデータがファイリングされていますから、ほぼ同じ気象条件である前年同月とのデータ比較をすることができます。

最低1年前の自分と同じスピードで同じ距離を走る、そうしたやり方もモチベーションを上げるのではないでしょうか。

「10キロを走れる体を維持する」という話にも通じますが、仮想敵ではなく1年前の自分自身と競って、同じレベルでいることをめざすのも継続性の一つのカギになるかもしれません。

単純に距離や時間を測ったり、記録したりするというログ的な機能だけでなく、イベントやキャンペーンなどの機能もあります。

ランナーによっては活用しきれていない場合もあるので、機能や企画をあらためて調べてみると面白いかもしれません。

スポーツメーカーは、アプリを通じてさまざまな企画の発信をしています。ユーザーが利用することによって地球環境に貢献できるものであったり、ポイ

昨年の自分に負けない

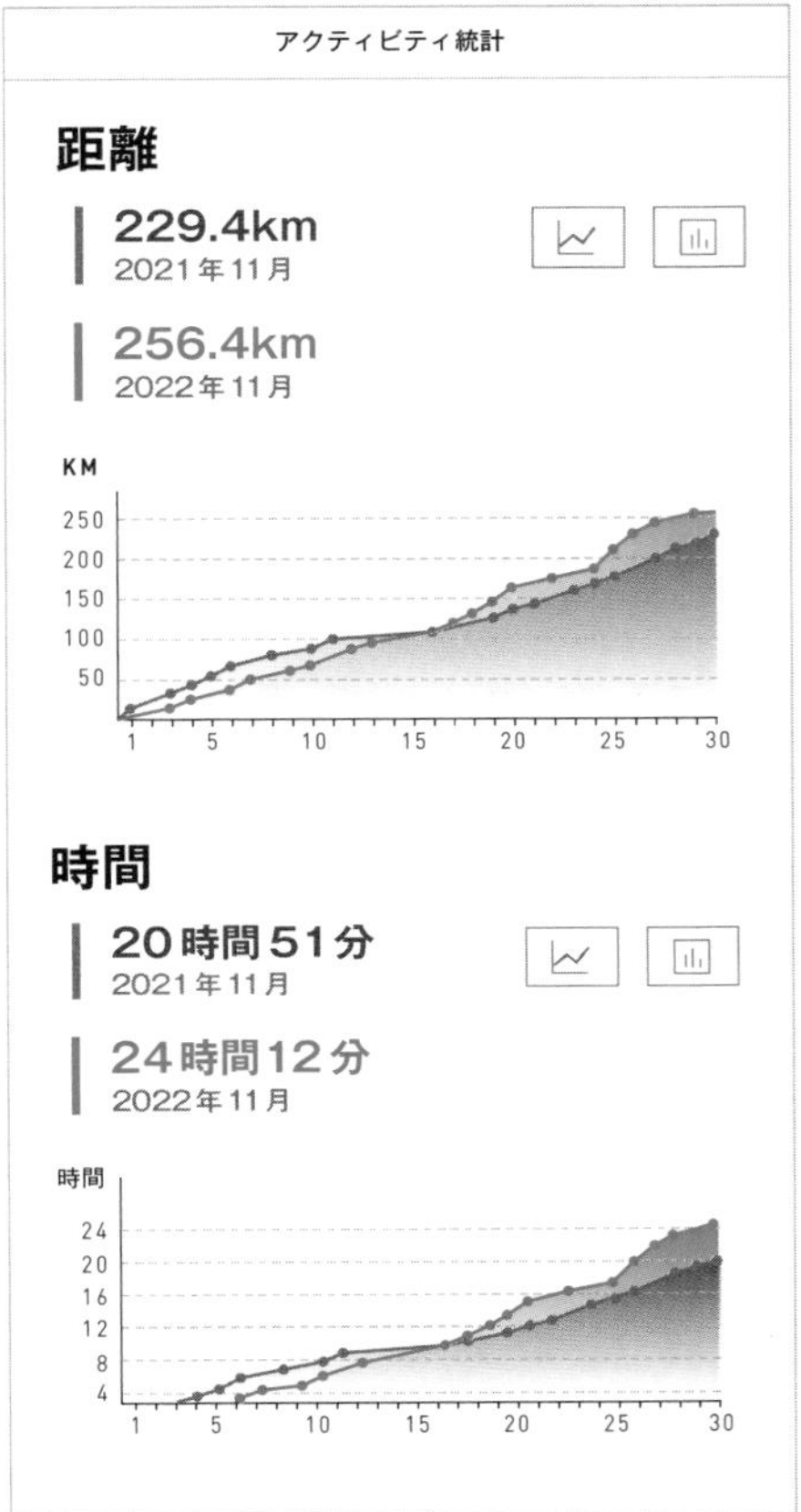

出典：「adidas ランニング」アプリ 構成者記録より

ントがたまって社会貢献ができたり、ある目的に従って募金ができたり、といったもので、走りに付加価値をつけてくれるものも少なくありません。

アプリ共有で励みに。昨年の自分がライバル

Q45 100キロに挑戦することはきつそうですが、ロマンがあります。ウルトラマラソンはシニアには無理ですか？

「スピードではなく距離を」という考え方は、持久力は瞬発力より低下するスピードが遅いという理屈にはかなっています。50代以上の方々が少なからず目標にしていることも事実です。

ウルトラマラソンについては、「50代はビギナー」という意見もあるようです。

ただ、コロナ禍前から実際にウルトラマラソンに挑戦している私自身の経験からいえば、65歳以上のシニア世代になってから挑戦するとなると、かなり厳しいといっていいのではないかと思います。

ウルトラよりも駅伝参加の検討を

想像以上にきついうえに、大会には制限時間があります。12時間というゆるめの足切りでもかなりのきつさです。レースによっては10時間制限というものもあり、「サブ10」といってかなりハードな設定です。

フルとウルトラの中間があまりないのが実情ですが、駅伝にチャレンジするという選択肢はあります。

会社対抗の駅伝や、仲間とチームを組んでエントリーできる大会もあります。「24時間耐久駅伝」など、企画性の強いものもありますので、検討してみてはいかがでしょうか。

第8章

対談「プラスアルファのコツと工夫」

中野ジェームズ修一

×

伊東武彦

自己ベストやレースに挑戦するのもいいけれど、50代からシニア年代には別の走り方があるのではないか。そんな前提に立って、中野さんから、準シニアとシニア世代の走る体と心についての提案をいただいてきました。

その過程で、「長く健康に走るために」という課題に対する回答が見えてきた気がしますが、物事を継続するには、適切な目標設定とともに、何より楽しく臨むことが大事だと思います。

50歳前後から60代で習慣的にランニングをしている男女30人に、アンケート取材にご協力いただきました。実際に走っている方々の工夫を紹介しながら、長く走り続けるためのヒントを探っていければと思います。

Q46 何を考えながらランニングするのがいいのか?

伊東　村上春樹さんは、走りながら何を考えているのかと尋ねる人は、たいがい長い距離を走ったことがない人だ、走っているあいだに思い浮かぶことがらは雲に似て、形を変えたり、浮かんだり、消えたりするものだ、という意味のことを書いています。

たしかにランニング中、浮かんだり消えたり、くっついたり離れたり、大きくなったり小さくなったりと、予測不可能に思念が行き来する感じはわかります。いきなりアイデアがぽんと飛び込んでくることもあるのがランニングの不思議なところです。

思いのままにまかせて走っていると、思念と思念がつながって、「ああ、あれはそういうことだったのか」と、それまで結びつかなかったことを関連づけて理解することもあります。仕事のアイデアが湧いてくるのも、その現象に近いのかもしれません。

一方で快適に走る時間は、何かしらのリストづくりやランクづくりにも向いているような気もしています。最大心拍数に近いレベルで体に負担を強いているペースの場合は別ですが、私の場合は、「生涯のベスト映画ランキング」や「死ぬ前に聴く音楽は何にするか」といったことを考えてもいます（笑）。もともと単調で景色が変わらない水泳をしていたときの癖でもありますが、ランニングの場合は、そこに街や自然の光景が飛び込んできて、それによって考えが変化したりもします。中野さんは、何を考えて走っていますか？

中野　どうしても仕事のことを考えてしまうのですが、それ以外では食事のことが多いですね。「今晩、何を食べようか」に始まって、冷蔵庫の中の食材を思い浮かべては、「何をつくれるかな」「何をつくろうか」などなど。「足りない食材はなんだろう。買って帰らないと」とか、あとは新しくできたカフェを思い浮かべて「今度行ってみたいな」とか。

伊東　私も趣味のカレーづくりで、「今度はこんなスパイスを組み合わせてつくろう」などと考えて走っていますが、アンケート取材では、いろいろな方がいました。ラン歴8年で59歳の公務員の男性は、〈フォーム、リズム、シューズの履き心地、距離、ペースなど、そのときのランニングに関する全般のこと〉を考えているとのこと。月間100～150キロが目安で、春、秋、冬はキロ4分30秒以内、夏は5分以内を維持するのが目標ということで、本格的に走っているだけに集中力が違います。

これまでの自分の仕事を振り返り、課題といま置かれた状況を見つめなおしたうえで、これから仕事をするうえで目標になる人は社内にいるだろうか、など考えながら走るという人もいました。

以下、アンケートの一部です。

〈走るフォームのこと、仕事がうまくいかないときは仕事のこと（頭がランニングで揺さぶられると、いいアイデアが思い浮かぶことがある）、いま同時間帯で走っているであろう誰かのこと〉（59歳男性・会

社員／ランニング歴12年、月間走行距離100キロ＝以下同）

〈仕事のこと、これからどう生きようか、とかを考えている〉（53歳男性・会社員／25年、100〜150キロ）

〈走り終わってからの過ごし方、週末買い出しで買わなきゃならないもの〉（50歳女性・会社員／9年、50キロ）

〈バイクのツーリング計画（次どこ行こうか？　いつ？）〉（50歳男性・会社員／18年、30〜50キロ）

〈頭をからっぽにしている〉（51歳男性・公務員／5年、60キロ）

〈四季の風景の変化を感じながら、たとえば、いまはアジサイの咲いているところまで走ろうなどと、ランニング経路を選定しながら〉（67歳男性・公務員／47年、100キロ）

〈風景を楽しみながら走るのであまり考えませんが、考えるときは、ゴール後のビール、たまに仕事のことや仲間のこと、健康のこと、資産運用のことなど〉（62歳男性・会社員／17年、80〜100キロ）

Q47 何を聴きながらランニングするのがいいのか？

伊東 道で行きかうランナーのほとんどがイヤホーンをしています。いったい何を聴きながら走っているのだろうと関心があります。

そもそも、何かを聴きながら走ることは「あり」なのでしょうか。人それぞれの心拍数の少し上のリズムの音楽を聴くことで、作業効率が高まると聞いたことがありますが。

中野 トップアスリートの場合は、レースの前に音楽を聴いて集中するということもあると思いますが、一般の方は、心地よく走ることができる音楽をかけて走るのがいいと思います。

近年は骨伝導のイヤホーンも出てきているので、使っているアスリートやクライアントも増えてきていますが、車が気になるという方には良いと思います。一般の方が音楽を聴きながら楽しく走るのはいいことです。

以下、アンケートの一部です。

〈走りに出て戻るまで80分くらいで、よく聴くのはＢＢＣか Beatles Radio というビートルズ専門の音楽アプリ。音楽はジャンルでいえばクラシックロック。アーティストは山下達郎、宮治淳一、タブレット純。情報番組は考えるとリズムが狂うので聴かない〉（55歳男性・会社員／15年、１００キロ）

〈クラシックから乃木坂46まで音楽ならなんでも。シーズンに合わせて1時間走、90分走の所要時間に合ったプレイリストを作成。あとは Apple Music のおすすめに素直に従って、いまきている最新チューンのお気に入りを見つけている〉（63歳男性・自由業／5年、２５０キ

ロ）

〈スマートフォンをポーチに入れて走り、音楽（J-pop）、ユーチューブ（J-popやトーク系動画など）、ポッドキャストを〉（51歳男性・会社員／12年、２００～３００キロ）

〈ノリのよい曲、アーティストはさまざま〉（53歳女性・自由業／10年、10～１００キロ）

〈Audibleでビジネス書を聴きながら走る〉（50歳男性・医師／10年、３００キロ）

〈サブスクでダウンロードしてあるもの。おもに懐かしのロック系（ビートルズ、クイーン、マイケル・ジャクソンなど）、Jポップのロック系（Ｏｆｆｉｃｉａｌ髭男ｄｉｓｍ、スピッツ、SHISHAMOなど）〉（58歳男性・会社員／7年、２３０キロ）

〈90年代J-pop、ポッドキャスト、radiko〉（50歳男性・会社員／22年、１６１キロ）

〈Spotifyで流すくらい〉（48歳女性・会社員／3年、25キロ）

〈カラオケで歌いたい曲を聴きながら走る〉（61歳男性・会社員／9年、50キロ）

〈Amazon Musicを流しながら。ビートルズが多い〉（53歳男性・会社員／20年、50キロ）

〈Spotifyにつくった自分のベストを聴いています。クイーン、エレファントカシマシ、ボン・ジョビなど〉（53歳女性・会社員／19年、100キロ）

Q48 ランサークルや友人とランニングするのはいいのか？

伊東　仕事仲間に誘われて走り始めたり、サークルに入ったりという例は多いようです。ランニングは孤独な運動といわれますが、長続きするための一つのポイントかもしれません。

〈2016年に、当時の職場メンバーから終業後の皇居外周ランニングに誘われました。それまでは家族と自宅近くの公園でジョギングをする程度でしたので、多少の躊躇はありましたが、参加することにしました。5キロをノンストップで走れる喜び、他ランナーの影響によるモチベーション・アップ、ストレス発散、そして夜景の美しさなどにも魅了されました。近くの銭湯を利用したあとは、食べ・飲み放題の中華料理店で「反省会」と題した会合。回を重ねるごとに口コミで老若男女の参加者が増えて、ラン・クラブを結成しました〉（59歳男性・公務員／8年、100〜150キロ）

中野　アメリカでは、一緒に運動をする仲間がいる場合、単独で取り組むよりも60パーセントも継続性が高まるという調査があります。

ランニングサークルと聞くと本格的なランナーが集まるイメージをもつ方も多いのですが、レベルはそれぞれで、幅広い選択肢があります。練習会に参加すれば、一人で走るより刺激にも励みにもなります。

一人でトレーニングを続けることにはどうしても限度があるし、逆に、自分でいま一つ気が進まないメニューも、サークルのみんなでやることによってモチベーションが上がることにもなります。

レベルと目的に合致したサークルを選べば、仕事以外のコミュニティに加わることで新しい楽しみができ、ときには合宿で温泉に行くなどのイベントに参加することもできます。

とくに退職された方は、普段からコミットする人の輪が小さくなりがちです。現在、会社員の方でも組織を超えた集まりであれば、肩書に関係なくフラットな付き合いもできるし、普段はなかなか機会のない世代を超えた交流を図ることもできます。

私も、そうしたランニングサークルのイベントに呼んでいただいて参加することがありますが、楽しそうな印象を受けます。私自身、サークルに入っていたことがありますし、シニア世代にはおすすめです。

伊東　私も北関東にいる友人と20キロの「連れラン」をしたことがあります。友人はそれまで10キロ程度しか走ったことがありませんでしたが、励ましたり、気を紛らわせたりしながら、ハーフマラソンの距離を初体験しました。

アンケート取材でも、友人や知り合いとのふれあいの場にしているという意見がありました。

〈パークランにもたまに参加しますが、楽しみを加えるのは、同級生との再会の場も兼ねて大会出場です〉（50歳女性・会社員／2年、40キロ）

〈各県の大会に旅行も兼ねて参加している。赤羽ハーフにたまに出て仲間と飲む〉（53歳男性・会社員／13年、100～200キロ）

〈観光や旧友との再会が楽しみ〉（50歳男性・医療関係従事者／6年、200キロ）

〈友だちと走る、Stravaで友だちと練習状況をシェアしあうのが＋α〉（55歳女性・会社員／19年、100キロ）

Q49 アプリ企画でランニングするのはいいのか？

伊東　大晦日やゴールデンウィークの最終日などに、スポーツメーカーがアプリ上で主催して、世界中の人が参加する7キロとか10キロとかの仮想レースがあるので、私は世界の人たちと競っています。

日本で早朝に走ると、世界はまだ起きていないので、一時的に10番以内にいたりします（笑）。その後、世界中の人々に抜かれて、最終的には何千位だったりするのですが、自分の順位を見るのが励みになります。

〈有料のオンラインコーチをつけて、メニューを提供してもらう。そのメニューをこなして報告する〉（50歳・医師／10年、300キロ）

中野　この方のように、アプリをコーチングに使う方もいます。速度を設定すると、仮想敵との競り合いのようなシミュレーションで走ることができるアプリもあります。

スポーツメーカーをはじめとして、走った距離だけCO_2削減のポイントがたまるような企画を立てている企業もあります。

たんに走るだけでなく、それが何かの役に立っているという意識は、足を前に進ませてくれるものです。

SDG's（持続可能な開発目標）の観点からも現代人の意識にマッチしています。

Q50 でこぼこ道や知らない道をランニングするのはいいのか？

伊東 フラットなところではなくあえて凹凸のあるコースを走ったり、いつも走るコースをあえて外れたりして、マップアプリにも頼らずに通ったことがない未知の道に入ってみるという非日常感ランニングが脳トレに効くと、ものの本に書いてありました。

中野 不安定なところを走ることで体幹が鍛えられますし、適応能力が求められるので、脳の働きが活発になるというのは理屈では合っています。いろいろなコースを工夫して走るのはリフレッシュにもなりますし、悪いことではありません。

ただ、年齢を重ねたシニア世代の方が、たとえば木の根っこがたくさんあるようなところを選んで走ることは、負傷のリスクの方が高まります。凹凸を体験してみようという企画ならば、無理に走らずに歩いてもいいと思います。

伊東　川沿いを走るときに、行きはフラットなコースを走って、帰りは原っぱになっているような反対側を走ることはありますが、簡単につまずくので怖いといえば怖いです。

ただ、退化を自覚しているからこそ、そういった鍛え方をしたいという思いもあります。

中野　安全に走れるのであれば、クロスカントリー的なコースを選んで走るのもいいでしょう。

人間は、年齢が上がるほど環境に適応する能力が落ちていきます。したがって、あえて道に迷うというか、未知のコースを自然と切り開いていくようなことによって、環境を変えて適応させるというのは、走り方として最低限の安全面の配慮をするうえでならば、悪くないと思います。

日本には四季があって、寒いときも暑いときも、自然に適応を繰り返して生活しています。普通の生活でも衣替えをするように、日本人は自然と四季の変遷に体をなじませていっているのです。

ランニングについても同じです。気温や気候の変化に適したものに、自然に変えていけばいいでしょう。

Q51 旅先でランニングするのはいいのか？

伊東　私自身は、出張や旅行に出かけた先の川沿いを走ることをテーマにしています。京都の鴨川、大阪の淀川、福島の阿武隈川など。初夏に岐阜の長良川の川沿いを走った際の新緑の美しさと川風の心地よさは忘れられません。

アンケート取材では、いわゆる「旅ラン」の醍醐味として、こんな体験が集まりました。

〈出張先の栃木県で、放牧中の牛を横目に野山のコースを走っていたら、逆方向から走ってきた中学生とすれ違い、100人くらいの全員にあいさつされたこと。牧歌的なあの光景は忘れられない〉（58歳男性・自由業／20年、50キロ）

〈沖縄ほぼ一周やギリシャのスパルタスロンなど、観光地として魅力がある場所のレースに参加していますが、レースを走ることが目的で、旅を兼ねて走ることを目的としていませんでした。三浦半島や南伊豆のウルトラマラソンは、その土地の風景が味わえた気がします。私の場合は旅ラン、というより、レースが終わったあとにレンタカーでその土地を巡ることを楽しむことが多く、サロマ湖100kmウルトラマラソンの翌日は、北海道の道東を車で巡ったりしました〉（51歳男性・会社員／12年、200～300キロ）

〈兵庫県川西市・能勢町あたりの山奥を走っていた際、大雨が降ってきた。しかも疲れていて、のどが渇いていた。そのとき、ガソリンスタンドを見つけ、その後使えるどうかわからないびしょ濡れの千円札を差し出し、スポーツドリンクを求めたとき、アルバイトと思われる高校生の2人が快く、笑顔で対応してくれた。そのやさしさに感動し、そのスポーツドリンクのとても美味しかったことが忘れられない。困

った人のために、手を差し伸べられる人になりたいと強く思った〉（53歳男性・会社員／25年、１００～１５０キロ）

〈水戸で池の周りの遊歩道を走ったこと、熊本で金栗四三が小学校時代に毎日走っていたという通学路を走った〉（58歳男性・会社員／7年、２３０キロ）

〈二度目のフルだった長野マラソンが前日からの大雪で、当日もシャーベット状の雪が残る路面を走り、なぜか初サブ4を達成〉（59歳男性・会社員／12年、１００キロ）

〈いまの目標は、離島を走り続けていろいろな島を訪ねてみたい〉（63歳男性・大学研究員／35年、１００キロ）

〈旅とはいえないが、早朝に誰もいない都会を走る（神宮外苑―竹下通り―表参道―骨董通り―溜池―日比谷―銀座―日本橋―赤坂―神宮外苑）〉（63歳男性・団体職員／16年、80～１００キロ）

中野　知り合いやクライアントにも、夫婦で出かけてそれぞれの目的別に行動するなど、「旅ラン」を楽しむ方は多いです。いろいろな目的や企画と組み合わせると楽しいですよね。

都道府県で、マラソン大会が開かれていないのは二つか三つくらいだと聞きます。行ってみたかった土地を訪ねたうえで、大会に出るというのも楽しいでしょう。

全国制覇のような目標設定をしてみたり、世界に目を向けると、東京、ボストン、ロンドン、ベルリンなど世界の主要大会を走るワールドメジャーズのような褒章もあります。「旅ラン」は記録をめざすだけでなく、それぞれの満足感を満たせるファンランの代表選手といえるでしょう。

伊東　私の知り合いに、「東海道五十三次を宿場ごとに走って、東京〜大阪を走破する」という人がいました。最初はウォーキングで始めたのが、すぐにランニングのほうが気持ちいいと気づいて切り替えたそうです。前回到達したところまでは列車で行って、そこから次かその次まで走るという、小さな旅の連続になりますが、旅情もあっていいなと思いました。

かくいう私も、湘南の海沿いを走ることが多いのですが、晴れて富士山がよく見える日などは、脳内で箱根駅伝を走っている疑似体験をしています。

また、ゴール先の「ご褒美ラン」としては、八王子の日帰り温泉や、月島まで走って銭湯ともんじゃ焼きのコースもあります。いずれも20キロほどです。

〈年末に高校の同級生と箱根駅伝のコースを一区間ずつ走っていて、今年10年目〉（51歳男性・会社員／12年、200〜300キロ）

〈中山道や北国街道といった旧道。廃道を走り、帰りは電車で帰る〉（53歳男性・会社員／20年、50キロ）

〈友人４人で長野県の友人を訪ねて安曇野ハーフを。前夜祭、終わってからお風呂に入って打ち上げ、レース後のお互いのフェイスブックでの感想の交換などすべて楽しかった〉（55歳女性・会社員／19年、

100キロ）

〈仮装して走ることでエイドや沿道の人たちに応援の声をかけてもらったり、楽しんでもらったり、今年も来てくれたねと、声をかけていただくのが楽しみ。NAHAマラソン、黒部名水マラソン、久米島マラソン、越後謙信きき酒マラソン、沖永良部島マラソンなど各地のご当地マラソンに参加してきて、地元の人々とのふれあいや利き酒や沿道からの声援など、それぞれに思い出があります〉（62歳男性・会社員／17年、80〜100キロ）

こんな旅ランこぼれ話も。楽しみだけではなく、ご自身の限界点に挑んだこんな経験も寄せられました。

〈楽しみは各地の城めぐりをしながらのランニングですが、2022年に秋田100キロチャレンジマラソン大会の50キロの部に参加したときのこと。仕事の関係で当日中に横浜の自宅に帰る必要があり、そのためにはゴール近くの駅を16時52分に出る列車に乗る必要がありました。50キロの部は10時半スタートなので列車の出発までの持ち時間は6時間22分。着替えなどの時間を考えると結構ぎりぎりです。結果は5時間36分でゴール。出発時刻まで46分あったので、駅まで移動のあと、着替え、洗顔など済ませて、無事に目的の電車に乗ることができました〉（59歳男性・会社員／28年、２００キロ）

〈赤道直下、マレーシア・ランカウイ島でのアイアンマントライアスロン、暑さ疲労との戦い。ウルトラトレイル・デュ・モンブランではぼ中間地点のイタリア・クールマイヨールで酷い脱水および腸脛靱帯炎でやむをえずリタイアしたことが印象的〉（62歳男性・フリーランス／15年、１２０キロ）

Q52 何歳までランニングすることができるのか？

伊東　アンケートでは最後に、「何歳くらいまで走れると思っていますか？」と尋ねました。

〈年齢で考えたことはありません。心身の健康と体力次第です。「ランニング→ジョギング→ウォーキング」と変化していくのではないか〉（59歳男性）

〈やる気次第で何歳でも。無理しない程度で少しずつスロージョギングが可能〉（53歳女性）

〈目標の中身は変わりつつも、65歳くらいまでは〉（51歳男性）

〈65歳〉（53歳男性、50歳男性、53歳男性）

〈ケガさえなければ、何歳まで、はない。でも現実的には70歳くらいか〉（61歳男性）

〈70歳くらいまでは走らずともいまのような足腰を維持したい〉（50歳女性）

〈70歳〉（50歳男性、48歳女性、50歳男性、59歳男性、59歳男性、58歳男性、50歳女性、63歳男性、67歳男性、55歳女性）

〈72歳の誕生日まで〉（53歳男性）

〈75歳〉（57歳男性、50歳男性）

〈継続して走り、健康上とくに問題が生じなければ、70代半ばくらいまでフルマラソン、トライアスロン、トレイルランニングに出場し完走できる可能性はある〉（62歳男性）

〈80歳くらいまではいけるのでは。ペースは下がるでしょうけど〉（55歳男性、63歳男性）

〈距離、時間を考えなければ、90歳位以上まで行けるのではないか〉

〈死ぬまで。目標100歳〉（62歳男性）

〈いけば走れる年齢の壁はなくなると予測〉（51歳男性）

〈生きている限り。運動生理学、トレーニング理論をうまく活用して〉（63歳男性）

中野　たんに脚を前後に出して体を移動させる「ランニング」。その単純さにハマる人たちがこれだけいるのは、考えてみると不思議なことです。かくいう私もその一人なのですが……。

その単純なスポーツが、ここまで多くの人々を魅了しているのは、個々の目標やゴールが明確に設定されているからではないでしょうか。

つまり、走りたいと思って走っているのではなく、ダイエットをしたい、自己ベストを出したい、健康でいたい、この大会に出てみたい、などなど。

その目標が少し達成できたから、自己効力感（自分にもできるかもしれないという見込み感）が向上して、次の目標が決まる。そしてまた走る。

何歳まで走れるのかは、何歳まで目標を立てることができるのか、ということなのだと思います。

第9章

長く続けるための ストレッチ

Q53 ランニング後のケアに効く効果的なストレッチはありますか？

第6章でストレッチの基本的な考え方を説明したとおり、ランニング後に有効なのが、みなさんが一般的に「ストレッチ」と呼んでいる静的な筋肉運動です。一定時間、同じ姿勢を保って、静止した状態で各部の筋肉を伸ばしていきます。

なぜでしょうか。走っている最中や走り終えたあとの筋肉は、縮んでいることが多く、そのまま放置しておくと疲労の回復が遅れるばかりか、筋肉の凝りや張りにもつながるからです。

また、筋肉の修復が遅れることもあり、いいことは一つもありません。

運動後の筋肉はランニングによって温まっている状態ですので、筋膜の抵抗が下がり、筋線維を効率よく伸ばすことができます。

また、体が硬いなと思う人ほど、ランニングあとのストレッチは、柔軟性を高めるための好機なのです。

ここで紹介する静的ストレッチをすることで、疲労回復を早めたり、リカバリーされやすい状態をつくることができるので、とても重要です。

代表的な静的ストレッチのメニュー10種類を解説します。

50代から70代のみなさんは、リカバリー能力が低下しつつある状態です。ランニングそのものも大事ですが、筋肉へのケアを十分に施してあげることで、1日でも長く走れるコンディションを維持していきましょう。

大腿四頭筋

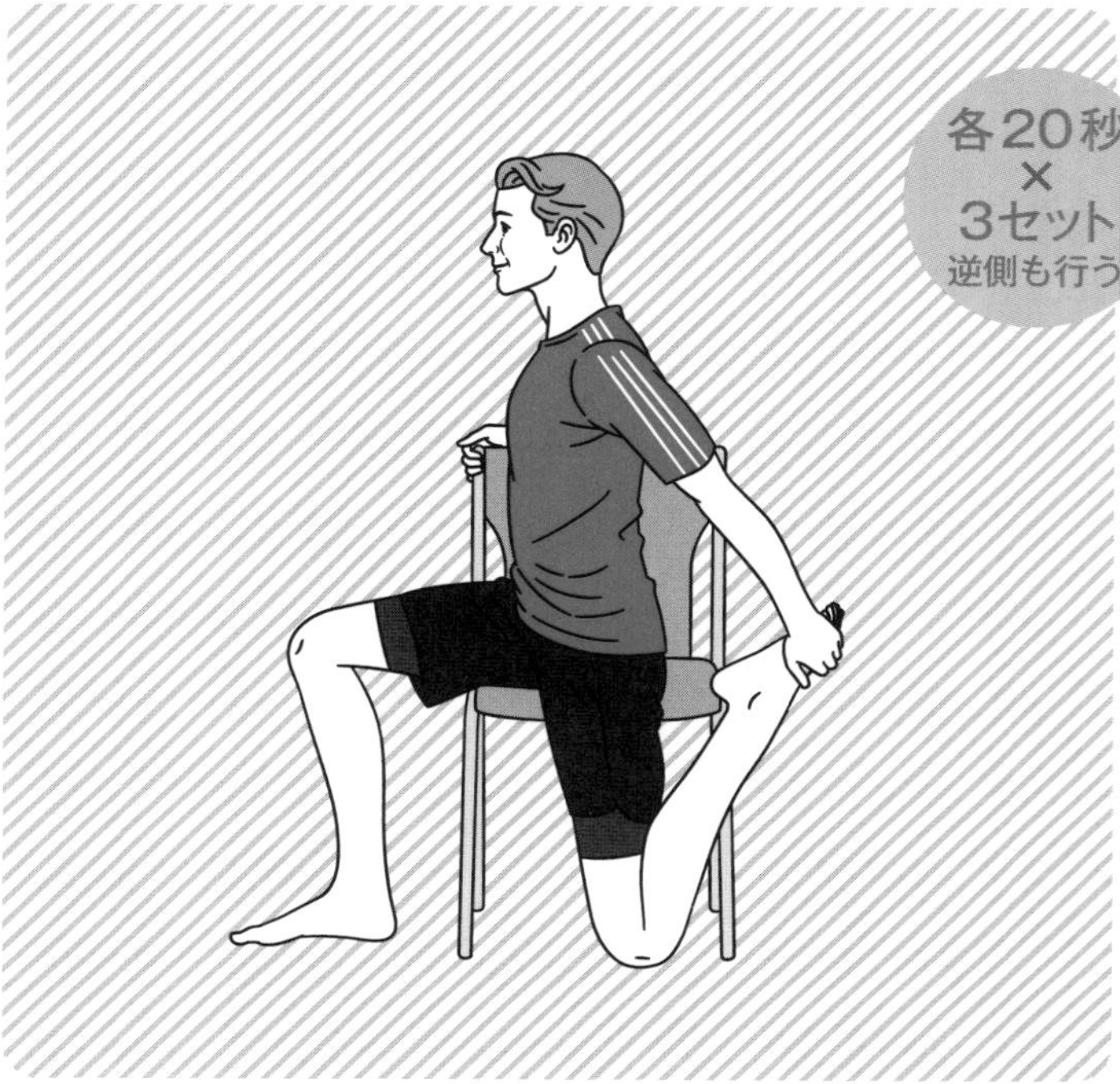

左のももの前のストレッチです。椅子に横向きに座ります。右臀部のみ座面に乗せて左脚は椅子の外側に出します。右手で背もたれをつかみ、左手で左足の甲をつかみます。膝を後ろに引っ張ります。

腸腰筋

左のももの付け根のストレッチです。椅子に座ります。右臀部だけで座り左脚は後方に大きく伸ばします。両手で臀部を前方へ押すようなイメージでももの付け根を伸ばします。左の膝を伸ばすことがポイントです。

大臀筋

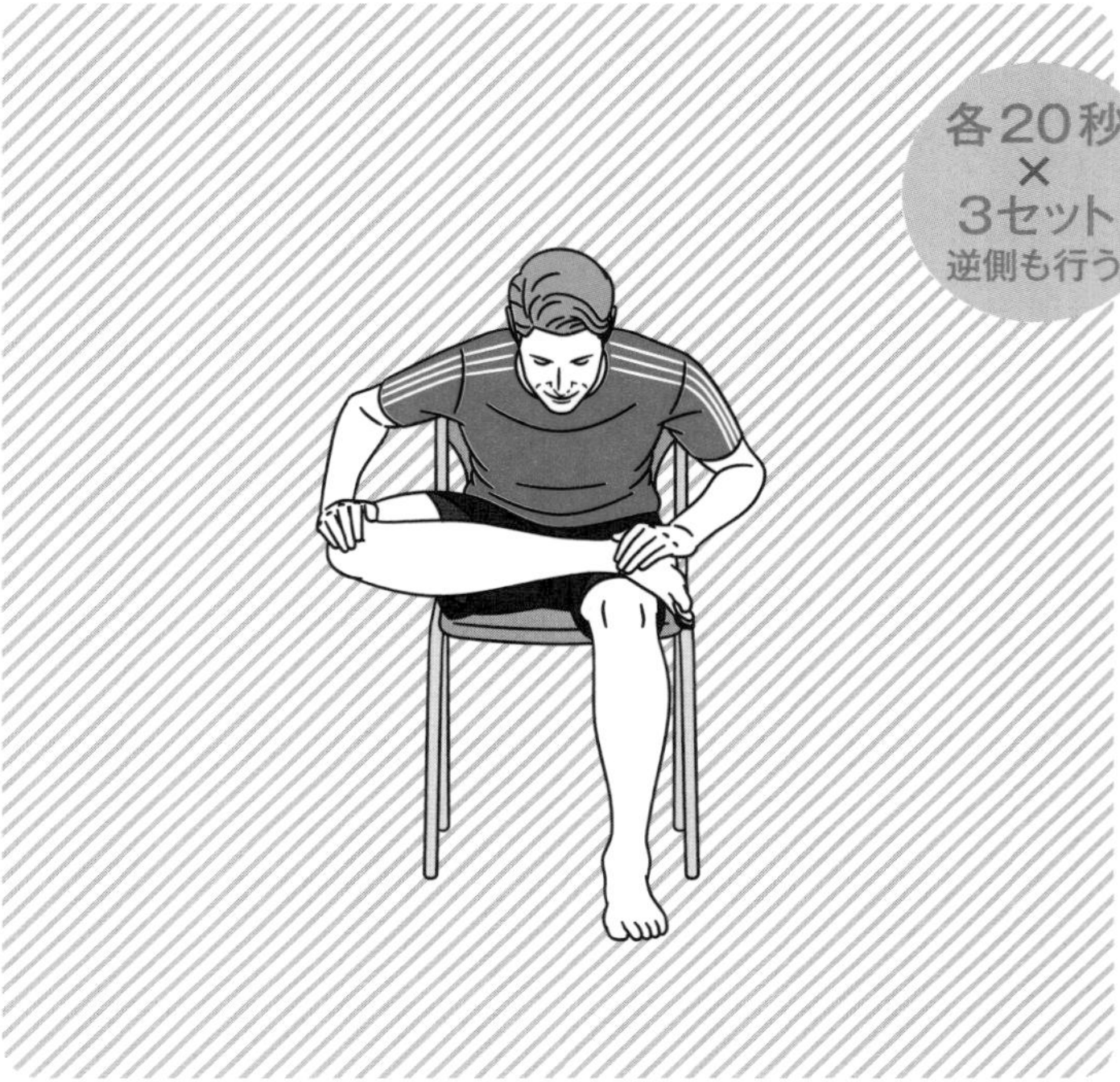

右の臀部のストレッチです。椅子に浅く腰掛けます。脚を組み、右脚の脛が床と平行になるように軽く膝を下に押します。そのまま胸を脚に近づけるようにして体を倒します。

中殿筋

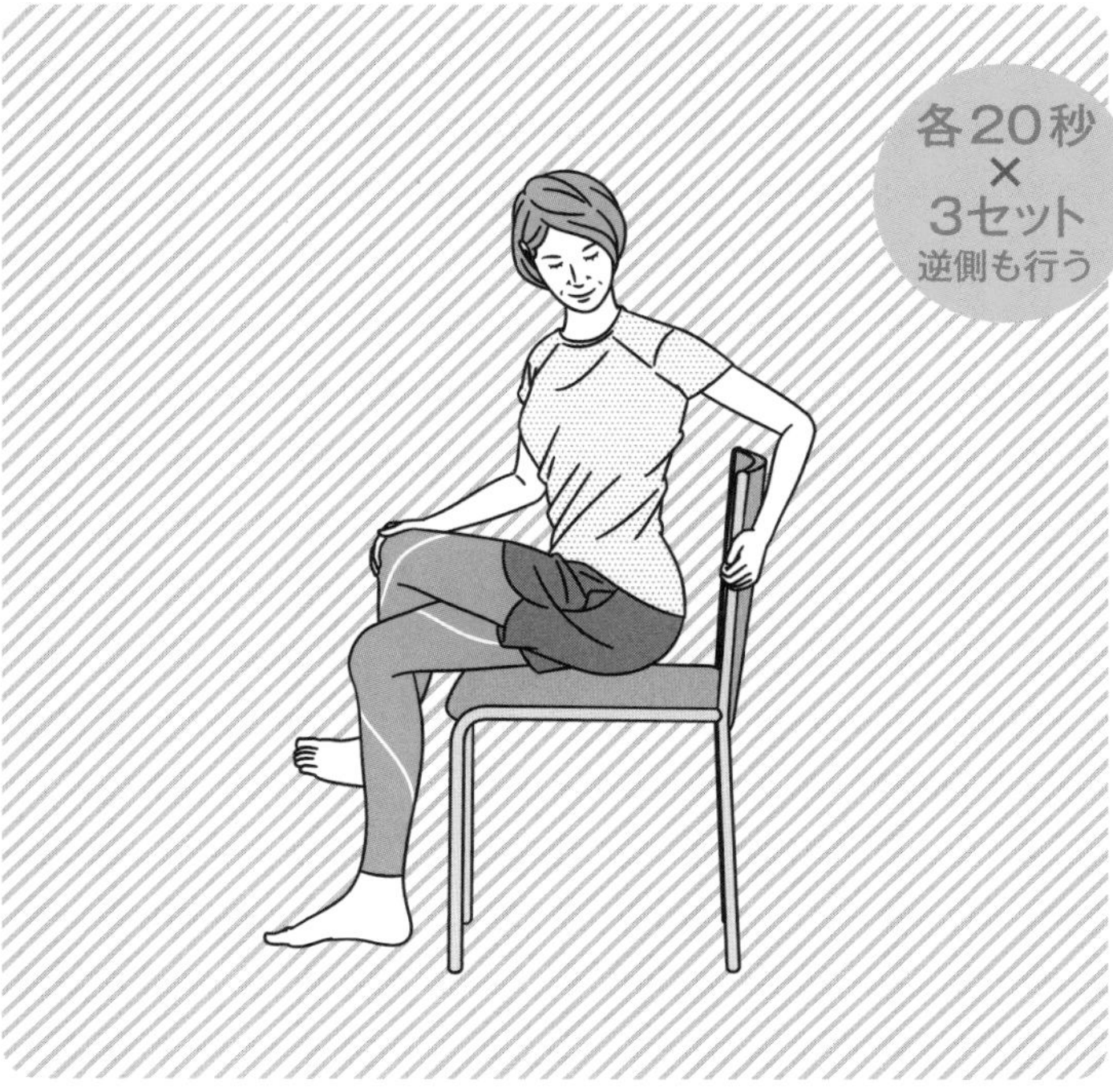

左骨盤の横のストレッチです。椅子に深く腰掛けます。左脚を右脚に掛けます。右手で左膝の外側をつかみ、左手で背もたれをつかみ、左膝を右方向に引っ張りながら体を左にひねります。

ハムストリングス

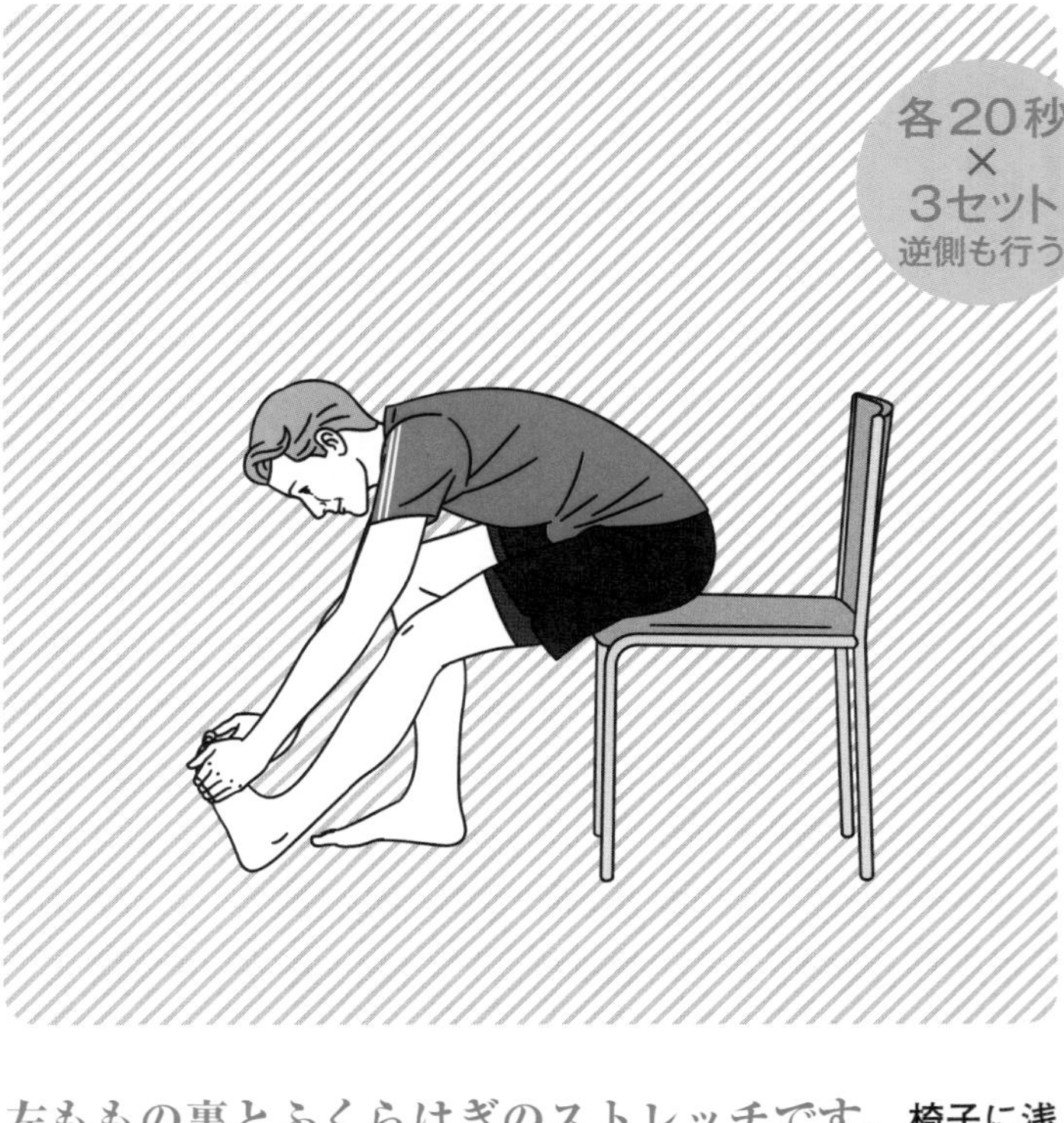

左ももの裏とふくらはぎのストレッチです。椅子に浅く腰掛けます。左脚を前に出しかかとを床につけ両手でつま先を持ちます。つま先を少し体のほうに引き寄せます。左膝は少し曲げておくことがポイントです。

股関節内転筋群

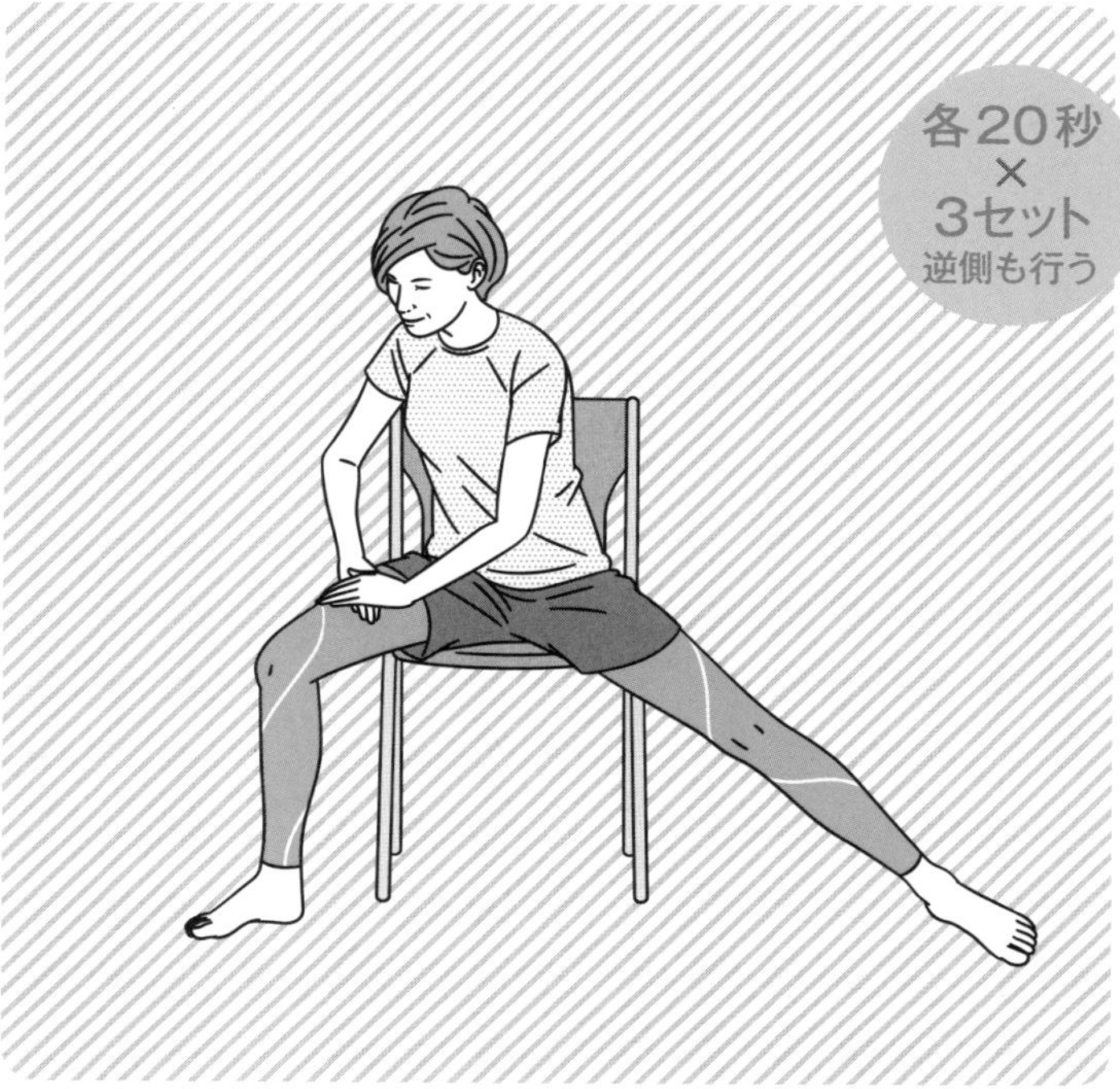

左のももの内側のストレッチです。椅子に浅く腰掛けます。右脚を大きく開き、左脚を横に伸ばします。左足裏の内側を床につけたまま体を左にひねります。

股関節外旋六筋

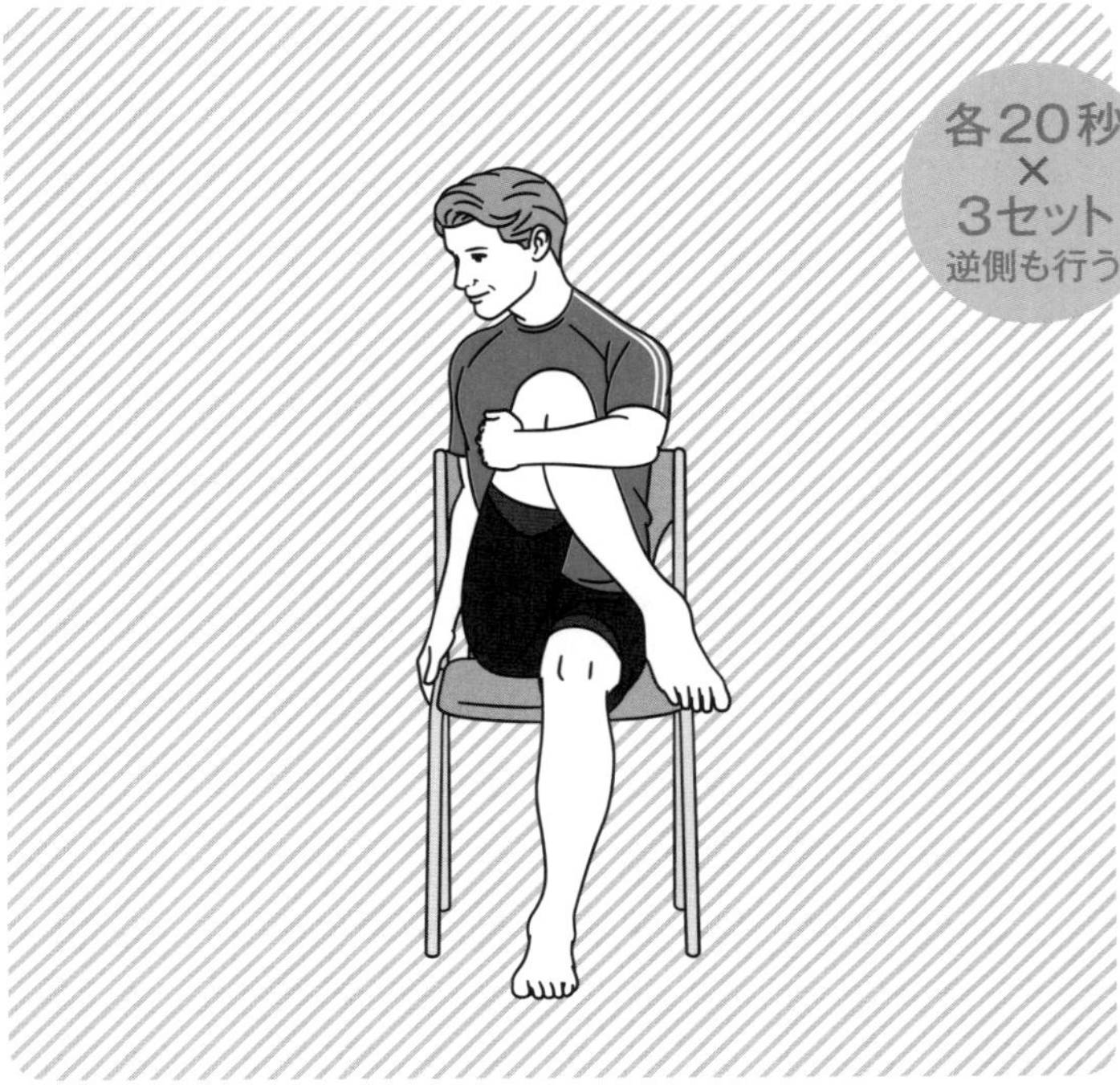

右のお尻の奥のほうの筋肉のストレッチです。椅子に腰掛けます。右脚を左脚の側面まで持っていき、足裏を座面につけます。左手で右脚を抱えるようにします。右膝を胸に引き寄せながら体を右にひねります。

下腿三頭筋

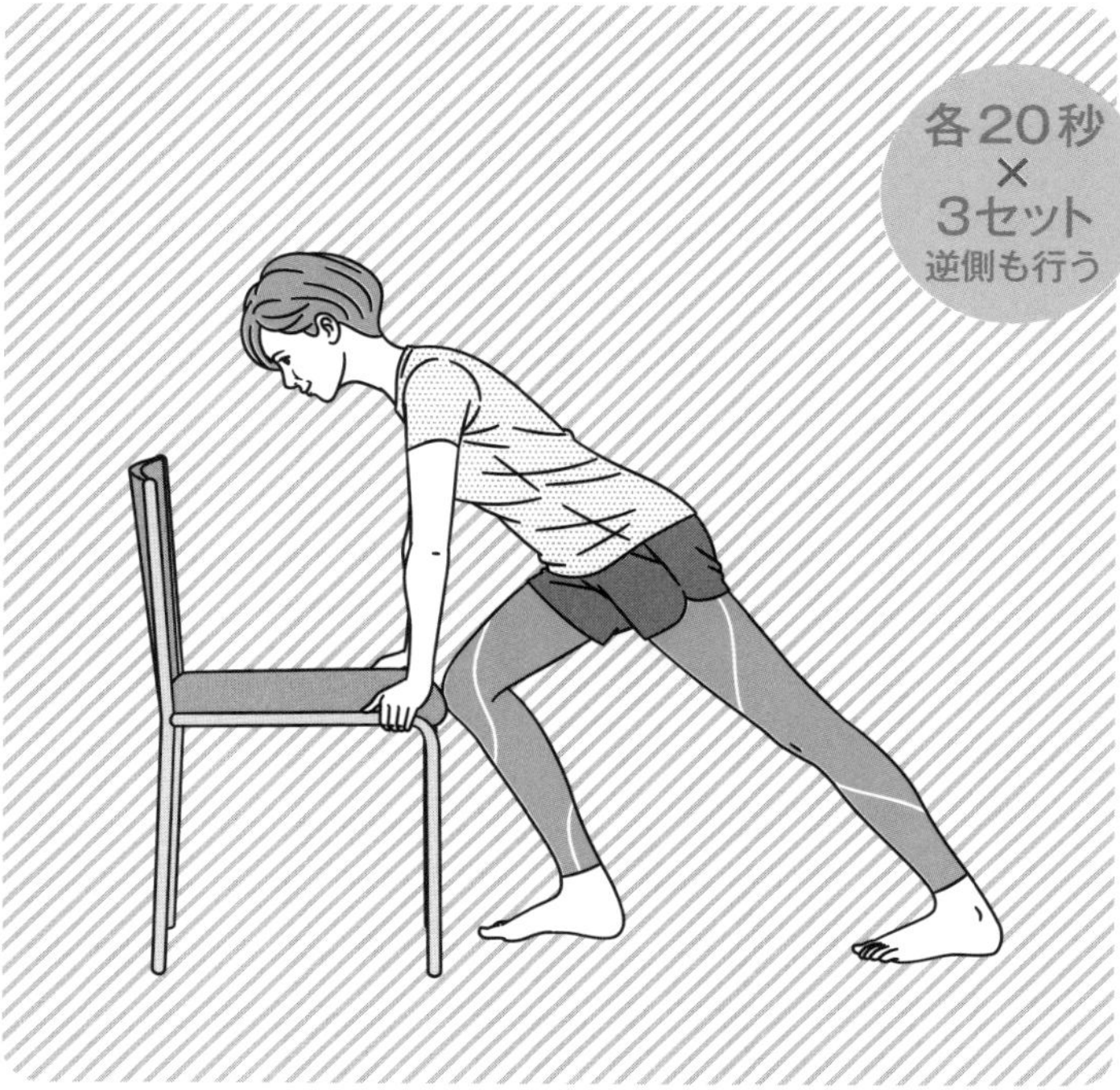

後の脚のふくらはぎのストレッチです。椅子の前に立ちます。片脚を後ろに伸ばします。両手で座面のわきをつかんで後の足のかかとは床につけたまま前傾させ前脚の膝を座面につけます。後脚の膝はしっかり伸ばします。

前脛骨筋

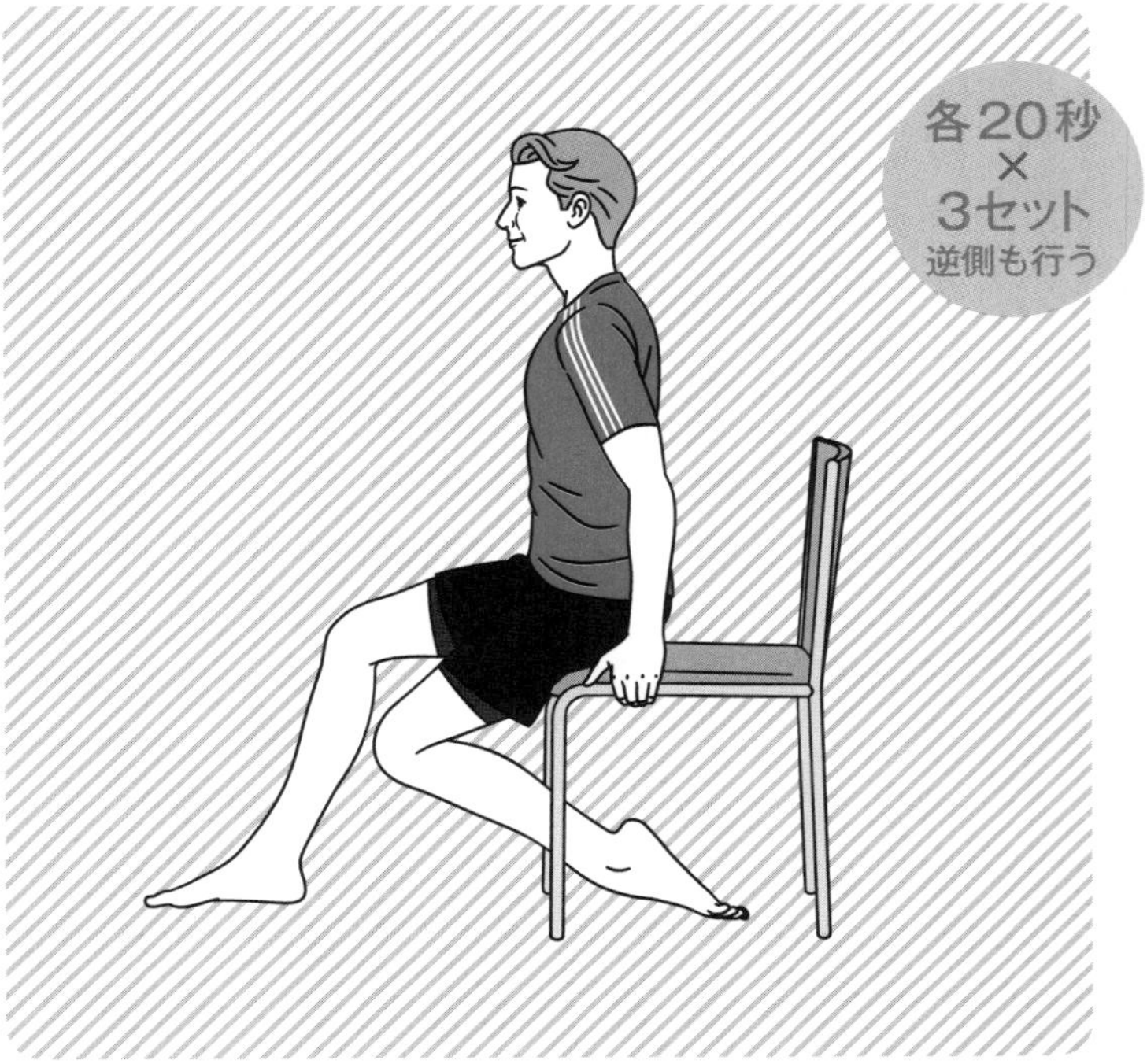

左の足底筋のストレッチです。椅子に座ります。左足を後ろに下げ足の指を曲げます。上から軽く押しながら左足裏をストレッチします。

足底筋

左の脛のストレッチです。 椅子に浅く腰掛け座面のわきを両手で持ちます。左脚の膝を曲げ、足の甲を床につけるイメージで足首を伸ばします。膝を少し床に近づけるようにするのがポイントです。

クールダウン　おわりに

伊東　10キロを走ることができるようになったとき、次に何をめざすべきか。その質問に対しての答えを〝天の声〟のように聞きました。

老いを受け入れよ、という受容の強制だけではなくて、視点が違う目標をもってがんばろうという提案だったからです。

今日の自分は昨日の自分より老いているわけだから、維持をすることが、がんばっていることになる。

まさに福音です。

中野　50代からシニア世代の方々の話を聞いていて感じるのは、いま自分に起こっていることが、世の中のほとんどの人に起こっているものであると理解し、受け入れることが大切ではないかということです。

他人に起こっていることを自分の体験や実感に置き換えることで、老いや衰えが自分だけのものではないことがわかるし、成功体験を知ることで自己効力感も向上していくからです。

自分だけは若い、歳をとっていないと過信している人は、ランニングにしても、月間の走行距離を決めて100キロだったら100キロを是が非でも遂行しようとしがちです。

ところが、年齢を重ねると体力は落ちてくるので、自分でだんだんきつくなってくる。

それでも目標の走行距離を下げるのは嫌なのです。

私自身がその予備軍で、ランニングアプリで月間走行距離を100キロと設定すると、あと1日で残り10数キロあっても、その日中に無理やり走るようなことをやってしまうわけです。

どこかで目標を100から80に下げなければならないときが、誰にでもきます。そこで心がぽきんと折れてしまう前に、同じ10キロでも1時間ジャストで走っていたものを70分にしようとか、**体と相談しながらアジャストしていくことが必要**だと思っています。

何かに負けたようで我慢がならないことだと最初は思いますが、1週間や2週間やっていると、それが自分のラインになってくるものです。

次に、それを何年か維持していこうと、気持ちが自然に切り替わっていきます。

一度切り替えてしまえば気にならないし、新しい自分が新たな目標を達成しているという充足感も維持できるのではないでしょうか。

伊東　アンケート取材をした67歳の男性は、いまの目標としてまさに「10キロをできるだけ長い期間走ること」をあげていました。

フルを3時間10分で走った経験のある方ですが、どこかで目標を切り替えたということだと思います。

目標の角度を変えることでいえば、いろいろな考え方のなかから自分にふさわしい目標を立てるということでしょうか。同じ10キロが目標でも、ケガをしない、心拍数を抑える、などですね。

とすると、10キロを走ることで体型を維持するということも、がんばる目標になるかもしれませんね。

中野　ただ、どんなにがんばっても体型の維持は簡単ではないので、どこかで「自分にがっかり」ということが起こってしまうかもしれません。

50代や60代でボディビルをやられている方もたくさんいますが、どんなに鍛えても20代と同じにはならないと、やればやるほど実感していきます。

20代と同じようになろうという目標自体が間違っているわけで、いま自分がいるゾーンのなかでベストを尽くすということですよね。

アンチエイジングの観点からいっても、**しわやしみを完全に取り払うこと**

はできません。でも、それで負けたことにはならないし、年相応に生きている人のほうが格好いいと思いませんか。

伊東 人間はなかなかそれができなくて、服装にしても、ライフスタイルにしても、つい若づくりをしてしまいがちです。

ランニングも、無理をしないという意味合いで、若づくりをしないことが大切ということでしょうか。

内面に積み重ねてきた自信のようなオーラを出すものがあれば、人は老けない、ということの手がかりが、ランニングにはあるのかもしれません。

中野 60代や70代で魅力的に感じられる女性には、自然に歳をとっている人が多いですよね。

女性から男性を見ても同じだと思うし、格好よく見えるとしたら、「目標に向かってがんばっている」とか、「何かをやり続けている」という自信から、そういった要素が出てきているということかもしれません。

伊東 長く走り続けるためには、ほかの競技も取り入れて走りすぎないこと。それも納得でした。

一つのことに打ち込む尊さと同時に、いろいろな運動を自分の体に取り入れていくことはすなわち、人間関係の広がりと、ひいては人間的な幅にもつながっていくという気づきもありました。

さて、最後の質問です。中野さんご自身は10年後、どんな走りをしていますか。

中野 60代でランニングだけを続けているイメージはありません。

トレーニングがメインのいまの仕事サイクルがどう変化しているかもわかりませんが、ヨガのような精神修養的なものを取り入れているかもしれないし、プールに入っているかもしれない。

現在のクライアントのなかにはランニングとテニスをやっている方もいらっしゃいますが、テニスのような球技をやっていてもいいかもしれない。たんに走ったり泳いだりという運動だけでなく、競技性やゲーム性があるものも楽しいと思うので、そうやってバランスよくトレーニングをしていると思います。

テニスをするにしても体力がないとできません。走っているからこそ、テニスを長時間できるという面もあるはずです。

スポーツを楽しむ生活のなかにランニングがある。

そういう60代でありたいと思っています。

中野ジェームズ修一（なかの・じぇーむず・しゅういち）

1971年８月20日、長野県生まれ。
PTI 認定プロフェッショナルフィジカルトレーナー
米国スポーツ医学会認定運動生理学士
株式会社スポーツモチベーション　最高技術責任者
一般社団法人フィジカルトレーナー協会 (PTI)　代表理事
「理論的かつ結果を出すトレーナー」として数多くのトップアスリートやチームのトレーナーを歴任。とくに卓球の福原愛選手やバドミントンのフジカキペア（藤井瑞希選手・垣岩令佳選手）の個人トレーナーとして広く知られている。2014年からは青山学院大学駅伝チームのフィジカル強化も担当。ランニングなどのパフォーマンスアップや健康維持増進のための講演、執筆など多方面で活躍。近年は超高齢化社会における健康寿命延伸のための啓蒙活動や、生活習慣病対策を軸とした企業の健康経営サポートなどにも注力している。性差に配慮したトレーニング指導という概念の先駆者でもある。自身が技術責任者を務める東京神楽坂の会員制パーソナルトレーニング施設「CLUB100」は「楽しく継続できる運動指導と高いホスピタリティ」で幅広い層から支持を集め活況を呈している。おもな著書に『医師に「運動しなさい」と言われたら最初に読む本』（日経 BP）『青トレ』シリーズ（徳間書店）などベストセラー多数。書籍の累計発行総数は200万部を超える。NHK「趣味どきっ！柔軟講座」でもおなじみ。

伊東武彦（いとう・たけひこ）

1961年4月29日、東京都生まれ。早稲田大学卒業後、フリーライターなどを経て1990年にベースボール・マガジン社入社。『週刊サッカーマガジン』編集部で編集記者、1998年から2004年に同編集長。2004年に朝日新聞社に移り、『AERA』編集部記者、副編集長、サッカー推進委員会事務局長など。著書に『サッカーMONO物語』（ベースボール・マガジン社）、『アイスタイム』（講談社）。後者で2013年度ミズノスポーツライター賞最優秀賞。2023年に退職したあとはノンフィクションライター、活字集団『studio montereggio』主宰。毎朝10キロをランニングしている。

構　成　伊東武彦

装　丁　坂井栄一（坂井図案室）
イラスト　内山弘隆
校　正　月岡廣吉郎　安部千鶴子（美笑企画）
組　版　キャップス

編　集　苅部達矢

定年ランニング
ゼロから始める50代から70代のためのランニングの教科書

第１刷　2024年7月31日

著　者　中野ジェームズ修一
発行者　小宮英行
発行所　株式会社徳間書店
〒141-8202　東京都品川区上大崎3-1-1
目黒セントラルスクエア
電　話　編集(03)5403-4344／販売(049)293-5521
振　替　00140-0-44392

印刷・製本　TOPPANクロレ株式会社

乱丁・落丁はお取り替えいたします。

Printed in Japan
ISBN978-4-19-865866-3